기꺼이 소란하고
다정하기로 해

> 그 어떤 친밀함조차 두지 않음으로써
> 당신의 상처가 회복될 수 있다면 그렇게 두는 것도 좋겠네요.
> 그런데요, 모든 관계가 결국 상처로 끝날 거라는 오래된 오해가
> 당신을 자꾸 문밖에 세워두지 않기를 바랍니다.
> 또한 끝남이 모두 상처가 아니고, 상처가 남은 관계여도
> 당신이 얻는 온기가 더 클 수 있어요.
> 그러니 기꺼이 소란하고 다정하기로 해요.

그럼에도 —— 사랑할 우리들을 위한 관계서

기꺼이 소란하고
다정하기로 해

글
조수연

KOREA.COM

프롤로그
당신은 '이미' 깊은 사랑을 받아 본 존재입니다

 '나'를 알고 싶어 하는 사람이 많습니다. 수많은 책과 심리검사, 애착유형 테스트 등을 통해 나는 어떤 사랑을 주고받았는지, 어떤 관계에서 내가 무너졌는지 자신의 마음을 되짚으려고 합니다. 왜일까요? 더 나답고, 더 행복하게 살고 싶어서일 것입니다.

 행복한 삶을 위해 노력하는 그 길의 시작에는 늘 '관계'가 있습니다. 좋은 관계를 맺고 예쁜 사랑을 한다는 것, 이건 한 사람의 일방적인 노력이나 따뜻한 성격만으로 해결되는 일은 아니죠. 사랑은 참 복잡하고 때로는 많이 아파요. 그래서 사랑을 주저하게도 됩니다. 자기 자신에게 집중하며 '혼자서도 괜찮은 삶'을 살자는 답을 얻기도 하죠.

 하지만 참 이상하게도 혼자 잘 살기 위해서도 우리는 결국 누군가와 '관계'를 맺어야 해요. 관계를 통해 나를 더 깊이 알게 되거든요. 책 속에서 발견하는 내 모습이나 일상의 내 모습보다, 관계 속에서 드러나는 나를 통해 우리는 자신을 가장 선명하게 발견합니다. 설령 지난 관계의 흔적이 대부분 아팠더라도, 그 흔적에서조차 자신을 발견해 낼 만한 지점이 있습니다. 그렇게 관계 속에서 드러났던 나를 발견하고 알아차려야 진짜 자신을 잘 이해한다고 볼 수 있어요.

상담심리를 전공하면서, 특히 '대상관계이론'과 '애착이론'을 깊이 들여다보며 저는 조용히 하나의 꿈을 품었습니다. 아주 먼 훗날, 만약 엄마가 치매에 걸린다면, 그 시간 동안 내가 해줄 수 있는 것들에 대한 꿈이었어요.

저라는 존재가 세상에 나와 "엄마"라는 말을 떼기까지, 엄마는 삼천 번, 만 번을 반복해 그 말을, 그 관계를 가르쳐 주셨겠지요. 그 시절의 엄마가 내게 해주셨듯, 언젠가 엄마가 어린아이처럼 변한다면 나도 지치거나 화내지 않고 삼천 번, 만 번 다정하게 반복해 사랑을 건네겠다는 소망이었습니다. 엄마가 떠먹이듯 건넨 사랑을 먹고 자란 지금의 내가 사랑을 줄 수 있는 사람이 된 것처럼, 엄마에게도 그런 시간을 살게 해드리고 싶었습니다.

그러던 엄마가 하늘나라로 가셨습니다. 이 책을 쓰기로 마음먹은 그즈음, 한 달 전에 받은 건강검진에서도 아무 이상이 없었지만, 갑작스레 암 선고를 받으시고 스무날이 조금 지난 어느 날 하늘나라로 가셨어요.

엄마가 암 선고를 받은 후 정신없고 슬픔 가득한 시간 속에서, 저는 막연하게 꿈꾸었던 그 시간을 보낼 수 있었습니다. 엄마의 손과 발이 되어 지냈고, 다정한 말들로 하루하루를 꾹꾹 담아 채웠습니다. 턱없이 짧은 시간이지만, 사랑을 건네며 꿈꾸듯 그 시간을 보냈습니다. 그 시간 동안 저는 자주 되뇌었어요. '엄마 곁에 있을 수 있어서 다행이다.' '엄마와 함께할 수 있어서 소중하다.' 마음 깊은 곳에서 행복을 느꼈고 이 행복의 끝이 보여 참 슬펐습니다.

엄마와의 이별은 너무나 고통스러웠습니다. 온몸이 부서지듯 아팠고, 억지로 버티려 할수록 마음은 더 쉽게 무너졌습니다. 그러던 어느 날 문득 스치는 생각 하나가 저를 일으켜 세울 힘을 주었습니다.

'엄마가 나로 행복했구나.'

엄마의 손과 발이 되어드릴 수 있었던 그 시간, 엄마에게 사랑을 드릴 수 있었던 그 시간 속에서 저는 알게 되었습니다. 엄마도 그렇게 나를 키우며 행복했을 거라고요.

'사랑은 주기만 해도 충만해질 수 있구나. 엄마도 나를 사랑하면서 행복했구나.'

그 한 줄의 깨달음이 마중물이 되어, 행복했던 기억들이 쏟아져 들어왔습니다. 그 생각들이 저를 다시 일으켜 세웠습니다.

지금의 저는, 당신은, 우리는 그 어마어마한 사랑을 받아 본 존재입니다. 때로 우리는 관계의 흔적을 떠올리면서 괴로워합니다. 부모의 어떠함을 선택적으로 받아들이려고 합니다. 받지 못한 무언가로 나의 부족함을 크게 확대해서 바라보는 것이죠. 부모님이 부재했다고, 또는 너무나 가난하고 힘들었다고, 가정의 위기가 컸다고 말하기도 합니다. 지금 내게 필요한 어떤 혜택을 주지 않아 서운하다고도 토로합니다. 부모의 어긋난 사랑으로 지금의 내가 외롭다고 원망도 합니다. 그 어려움을 부인하지 않겠습니다.

그런데 생각해 보면, 우리는 아무것도 할 수 없던 시절을 지난 존재입니다. 인간의 탄생 초기에는 누구도 예외 없이 절대적인 보호와 돌봄 없이는 살아남을 수 없습니다. 누군가의 품 안에서 누군가의 돌봄으로 나는 살아졌다는 것, 그것이 바로 사랑의 증거입니다.

지금 당신이 이 자리에 서 있다는 것만으로도, 당신은 분명 사랑받았던 존재라는 증거입니다. 그렇게 사랑받아 봤기에, 그 힘으로 지금 당신이 세상 속에 서 있을 수 있습니다.

요즘은 '무해한 관계'를 추구합니다. 상처받지 않기 위해 거리를 두고, 마음을 닫는 모습이 익숙합니다. 저도 그랬습니다. 날카롭고 예민하고, 쉽게 상처받고 자주 외로웠습니다. 관계 맺기는 쉽지 않습니다. 사랑을 주고받는 일은 더 어렵습니다.

그래도 감히, 저는 당신을 애정이 담긴 관계, 친밀한 관계로 안내하고 싶습니다. 그 길이 생각보다 두렵지 않다는 것, 당신은 이미 그 길을 지나왔다는 것을 말해 주고 싶습니다. 가족이든 친구든 연인이든, 우리는 누군가에게 마음을 주며 살았고 누군가의 마음을 받으며 살아왔습니다.

저는 이 책으로 당신이 '인간관계를 잘 맺자' '잘 사랑하자'라는 메시지를 얻기보다, 당신이 살아온 시간 속에서 사랑했고 사랑받았던 기억들을 떠올렸으면 좋겠습니다. 작은 사탕 하나를 받아 가슴 벅차게 따뜻했던 경험, 별것 아닌 내 쪽지에 환하게 웃던 누군가의 얼굴, 재미없는 나의 말에 귀 기울이던 사람 등 우리는 사랑했던 존재이고, 사랑받았던 존재라는 기억을 발견해 드리고 싶어요.

기꺼이 소란하기로 각오하고 그 소란을 통과해 사랑을 마주해서, 결국 친밀함이 주는 위로와 든든함, 더할 나위 없는 기쁨이 당신의 삶에 흘러가길 바랍니다. 그것이 결국 당신을 더 나답고 행복한 삶의 방향으로 이끌어 줄 것이라 믿어요.

우리 삶의 마지막 인사가 "사랑해"로 가득하도록, 천천히 함께 걸어가 볼까요?

— 성북동 호시담에서
조수연 드림

:: 차례 ::

프롤로그 _ 당신은 '이미' 깊은 사랑을 받아 본 존재입니다   4

CHAPTER 1

사랑은 나를 울렁거리게 합니다
: 친밀감으로 가는 첫걸음

감정이 튀어오를 때 사랑은 시작된다	16
작은 일상이 쌓여서 마음이 된다	24
믿을 만해서가 아니라 믿어 주는 마음	32
불안해도 다시 사랑하고 싶은 이유	40
사랑의 속도는 다를 수 있다, 맞춰 가는 연습	48
다퉜다고 멀어지지 않는다, 회복의 기술	58
손해처럼 보여도 사랑하길 잘했다는 순간이 있다	66

CHAPTER 2

사랑에 비친 나는 어떤 모양인가요?
: 나에게 다정한 시간

관계 속에서 비로소 보이는 나   74

내 마음의 설명서를 천천히 써 보는 시간	83
이것만은 꼭! 나를 지키는 가치관 세 가지 : 나 사용설명서 1	91
사랑을 느끼는 방식, 다섯 가지 언어 : 나 사용설명서 2	98
타인에게 의지하기 어려운 마음 : 나 사용설명서 3	109
이전과 다르게 사랑하고 싶은 마음 : 나 사용설명서 4	117
내 기질은 나를 이해하는 단서 : 나 사용설명서 5	123
내 안의 불안이 친밀한 관계를 막아설 때 : 나 사용설명서 6	132

CHAPTER 3

우리는 잘 통하고 있나요?
: 너에게 다정할 시간

"대화가 잘 통해" 공감의 시작, 관심사의 연결	138
서로 다 알아야 할까? 전부가 아닌 어떤 것	146
진짜 욕구를 말하는 연습이 필요하다	153
똑 부러지지만 차가운 대화 : 초이성형	160
모든 게 미안한 나 : 회피형	166
"다 네 탓이야" 억울함이 많은 나 : 비난형	171

갈등을 피하려고 딴소리하는 나 : 산만형	175
나도 너도 다 중요하다고 생각하는 나 : 일치형	179
잘 듣는 관계는 끊어지지 않는다	183
거절할 수 있어야 오래 사랑할 수 있다	193
말하지 않아도 안다? 그런 관계는 없다	198

CHAPTER 4

이별에도 다정한 방식이 있다면
: 우리의 다정했던 시간

다투되 너무 아프지는 말자	208
감정은 숨기지 말고 다룰 수 있어야 한다	217
우리가 부딪히는 이유, 마주할 용기	222
미안하다는 말, 괜찮다는 말, 어색해도 꼭 해야 할 말들	229
오래 사랑할 수 없는 인연도 있다	234
내가 남기고 싶은 이별의 뒷모습	239
아낌없이 사랑하고 받았던 기억은 남는다	251

에필로그 _ 그 모든 다정함은
결국 나를 키우는 시간이 됩니다   256

CHAPTER 1

사랑은 나를
울렁거리게 합니다

: 친밀감으로 가는 첫걸음

감정이 튀어오를 때
사랑은 시작된다

가끔은 나도 모르던 낯선 내가 불쑥 튀어나오는 순간이 있어요. 적당한 거리와 적당한 감정선을 지키며 '무난하게 나이스한' 모습의 내가 쏙 숨어버리는 순간이죠. 다시 만날 일 없는 사람을 대할 때, 또는 아주 친밀하게 가까운 사람을 대할 때입니다.

다시 만날 일 없는 사람을 만날 때 나의 극적인 모습이 드러나는 건 아주 별로입니다. 예를 들면 길가에서 실수로 부딪힌 사람에게 과하게 발끈하거나, 여행지에서 다소 불만족스러운 서비스를 받았을 때 적정한 사과를 받았음에도 흥분을 가라앉히지 못하는 경우 등이 있을 수 있겠네요. '사회적인 나이스함'을 잃는 순간들이에요.

하지만 진짜 낯선 나는, 가까운 사람 앞에서 슬그머니 고개를 내밀어요. 가족이나 친구 앞에서의 나는 살짝 느슨해져서, 서운함도 표현하고 깔깔 소리 내어 웃기도 하고 때로는 감정을 쏟기도 해요. 한 사람이 누구 앞에서 풀어지는지 보면, 어떤 마음인지 짐작할 수 있어요. 누군가에게 자유로운 나를 내보인다면, 그건 그 사람에 대한 믿음이 있다는 것이고, 친밀한 관계라는 증거일 수 있어요.

어떤 감정이 툭 튀어나올 때도 있어요. 괜히 두근거렸다가, 괜히 막 화가 났다가, 괜히 핑계 삼아 안 하던 연락을 해요. 그 모든 '괜히'들 속에는 사실 진심이 숨어 있더라고요. 바로 누군가를 좋아할 때입니다. 친구나 가족 앞에서조차 보이지 않던 낯선 내가 슬금슬금 나옵니다. 그런 감정이나 행동은 참 조절하기도 힘들어요. 상대를 보고 슬쩍 올라가는 입꼬리를 내리기가 왜 그리 어려운지요.

사랑이라니, 지금 바쁘고 복잡해서 그런 감정은 사치스럽고 손해 보는 일이라고 하고 싶나요? 그런 말들이 틀렸다고는 할 수 없어요. 사랑 안 해도 살 수 있습니다. 자기에게 충실한 시간을 갖는 것도 중요하죠.

그런데 사랑은 삶을 복잡하고 무겁게만 만드는 것이 아니라 더 단단하고 밀도 있게 만들기도 합니다. 사랑은 어딘가 불편하고 낯설지만, 나를 다시 만나게 되는 통로가 됩니다. 새로운 나를 발견하게도 하고, 한층 성숙해지게도 하죠.

사회적인 관계에서 내 감정은 잔잔합니다. 기대가 크지 않으니 파동도 잔잔해요. 왜 가까운 사람일수록, 특히나 사랑하는 사람을 만나면 우리의 감정은 널뛰듯 움직일까요? 그건 그 사람을 향한 내 진심과 수고가 보내는 신호의 파장일 수 있어요. 내 것들이 전해져서, 그 사람이 내 사람이 되어서, 그 사람은 이제 더 이상 타인이 아니라 나라고 느껴지는 듯합니다.

소중한 존재가 생겨서 더 선명해지는 설렘, 기쁨, 질투, 서운함, 불안 등의 진원지에는 무언가 소중한 것이 묻혀 있어요. 기억일 수 있고, 상처일 수 있고, 잊었다고 생각한 나의 조각일 수도 있습니다. 감정은 기억의 창고와 같아서, 진한 감정일수록 오래된 나의 이야기를 품고 있더라고요.

감정이 요동치는 건 나에게서 중요한 무언가가 건드려졌다는 신호예요. 나를 알아차릴 기회고 성장의 입구일지도 몰라요. 혼자였다면 외면했을 감정들인데 누군가를 사랑하면서 드디어

마주하게 되었죠. 그건 그 사람이 나의 감정을 건드려서가 아니라, 내 안에 있던 것이 사랑하는 존재 덕분에 발견되는 것입니다. 의미 있는 순간이죠.

어른이 된다는 건 어떤 의미일까요? 저는 '어른'이라는 이미지가 '의연함'과 자주 연결됩니다. 어른은 상처가 없는 사람이 아니라, 상처를 다루는 법을 아는 사람이에요. 나 자신과 내 주변에 주어지는 여러 것을 대하고 다룰 때 "큰일 났어!" "와, 어떻게 그럴 수 있어?" "내가 이걸 어떻게 해!"라고 큰 문제로 벅찬 듯 다루기보다, "그럴 수 있지" "그랬구나" "해보지 뭐"라는 마음으로 소란을 견디는 마음이 어른을 만든다고 믿어요. 어른이라고 주변에 좋은 사람만 있지는 않을 거고, 어른이라고 모든 일이 쉽진 않을 것입니다. 그래도 저는 다소 벅찬 사람이나 상황을 만나도 "해야지 뭐" 하는 태도로 한 걸음씩 옮겨가는 어른이 되고 싶습니다.

그런 어른이 되려면 중요한 과정을 거쳐야 합니다. 사람들이 많이 오해하는 것이 바로 이 지점입니다. 사회적인 페르소나로 나의 어떠한 면을 덮어 두어, 내 감정을 잔잔해 보이게만 하는 것은 진짜 성장이 아니에요.

다듬어지지 않았고 한 번도 제대로 다루지 않은 나의 특별함은 어느 순간에 어떤 방식으로든 삐죽이 나올 수밖에 없습니다. 그래서 살다가 어떤 감정이 건드려지면 그 감정들을 누르는 것이 아니라 찬찬히 바라보고 나를 발견하는 훈련을 해야 합니다. 아주 오랜 시간이 흘러 그 감정이 곪듯 폭발하기 전에, 감정을 다스리려 힘겨루기를 하지 말고 다정하게 다루어 보는 거죠. 그때의 나를 다독이듯 어루만지고 말 걸어주고 자주 찾다보면, 아마 그 감정은 조금씩 가벼워져 '툭' 하고 불쑥 나오지 않게 될 거예요. 그런데 이것을 혼자 하거나 중요하지 않은 사람과 해보기는 불가능해요.

이렇게 누군가를 사랑하는 시간은 감정들을 알아차리고 다루는 좋은 연습장이 됩니다. 세상에 태어난 아기는 양육자와의 관계 즉 '사랑'을 '생존'으로 체득합니다. 그래서 양육자의 표정, 관심, 반응에 민감하게 반응하는 것이죠.

그렇게 우리 안에 내재화된 '사랑'이라는 경험은 인생을 살아가는 데 있어 중요한 요건으로 자리합니다. 그래서 혼자가 좋다고 하면서도 진실한 교감을 나눌 누군가를 본능적으로 찾는다고 봅니다. 상처받기 싫다고 그런 친밀한 관계를 피하면, 결국은 나 자신으로부터도 멀어질 수 있어요.

　사랑하는 사람과 함께할 때 겪게 되는 감정의 여러 모양을 잘 떠올려 보세요. 늘 좋은 감정일 수만은 없죠. 부정적 감정도 건드려집니다. 사랑하는 사람과 있을 때 튀어나오는 부정적 감정이야말로 '나 이런 사람이었어?'라고 할 만큼 가히 폭발적이기도 하고, 낯설기도 하고, 기이하기도 합니다. 그건 기회예요. 그 순간 알아차려야 합니다.

　'내가 지금 어떤 부분에서, 어떤 맥락에서 유독 이런 감정이 튀어나왔을까?'
　'그 부분이나 맥락이 내게 큰 상처가 될 만한 두려웠던 경험이 있었나?'
　'그 부분이나 맥락을 두고 힘들었던 내 감정을 그때의 내가 못 본 척하고 넘어가서, 해결되지 못한 감정이 켜켜이 쌓여 지금에 이른 건 아닐까?'

이렇게 생각을 파고드는 게 귀찮고 힘들어서 사랑하기 싫다고요? 상처받기가 두려워서 시작하기도 싫다고요? 상처를 헤집는 것 아니냐고요? 그런 마음으로 '무해한 관계'를 찾는다고 하더라고요. 그런데 당신이 두려워하는 그 감정, 부분, 맥락을 조금씩 자주 다루면 생각보다 작고 가벼워집니다.

더 두려운 건, 그 감정과 부분과 맥락을 내버려 두어서, 쌓이고 쌓여서 데굴데굴 눈처럼 크게 키웠다가 한꺼번에 터지는 순간이죠. 아마 당신이 먼저 그 문제를 다루지 않으면 앞으로 누군가 그 부분을 건드릴 때마다 더 예민하게 반응하거나, 친밀하게 다가오려는 누군가의 마음에 세 발 뒤로 물러서는 당신이 될 수 있습니다.

나한테 잘해주는 누군가가 있어도 언젠가 상처 주고 떠날 것으로 생각해서 아예 마음을 나누려고 하지 않는 사람도 있습니다. 회피하고 싶은 마음의 이면에는 상처받았던 나를 보호하려는 의지가 있습니다. '이 관계는 끝날 것이다'라고 전제하니, 시작조차 안 함으로써 내 마음을 상처로부터 지키려는 것이죠.

그 어떤 친밀함조차 두지 않음으로써 당신의 상처가 회복될 수 있다면 그렇게 두는 것도 좋겠네요. 그런데요, 모든 관계가 결국 상처로 끝날 거라는 오래된 오해가 당신을 자꾸 문밖에 세워두지 않기를 바랍니다. 또한 끝남이 모두 상처가 아니고, 상처가 남은 관계여도 당신이 얻는 온기가 더 클 수 있어요.

그러니 기꺼이 소란하고 다정하기로 해요.

작은 일상이 쌓여서
마음이 된다

"사랑을 시작할 때 네가 얼마나 예쁜지 모르지."

윤종신의 노래 〈좋니〉에 나오는 가사입니다. 무척 와닿지 않나요. 사랑은 마음에서 시작되지만 얼굴에서 가장 먼저 피어납니다. 아이의 웃음도, 연인의 눈빛도, 결국 마음은 얼굴에 먼저 드러나요. 숨기려고 해도 잘 숨겨지지 않아요. 당신이 누군가를 사랑할 때 어떤 마음이었는지, 그 마음이 당신의 얼굴에 가득 피었을 때 얼마나 아름다울지 상상해 보세요.

당신에게 사랑은 어떤 모양인가요? 뭔가 거창하게 느껴진다면 질문을 바꿔 볼게요. 당신은 누군가를 좋아한다는 감정을 언제 느끼나요? 좋아한다는 마음을 어떻게 표현하나요? 좋아하는 사람과 무엇을 하고 싶나요? 좋아하는 사람이 어떤 모습이

길 바라나요? 그렇게 사랑을 시작할 때, 당신은 어떤 얼굴을 하고 있을까요?

사랑이라는 감정이 꽃 필 때 우리는 참 많은 물음표를 달게 됩니다. 제가 지금 당신에게 질문을 쏟아냈듯이, 당신은 감정이 피어오른 그 사람에 대해 많은 호기심을 갖게 돼요. 무엇을 좋아하는지, 평소 무엇을 하며 지내는지, 어떤 음식을 좋아하는지, 어떤 음악을 좋아하는지, 언제 가장 활짝 웃는지, 언제 가장 힘들어지는지, 나아가 어떤 시간을 지나왔는지 등등입니다.

궁극적으로는 그 사람도 나처럼 우리가 함께할 때 행복했으면 좋겠다고 생각하죠. 그래서 만남의 초기에는 선물 공세를 펼치기도 해요. 아직 상대를 잘 모르니까 함께하는 시간을 즐겁게 해줄 방법을 잘 몰라서 어떤 물건을 통해서라도 그 사람을 웃게 해주고 싶은 것이죠.

그 사람에 대한 호기심에 답을 찾아갈 때, 그건 어떤 마음일까요? 사랑은 평가가 아니라 발견이에요. 마치 마음 안에 숨겨둔 쪽지를 하나씩 찾아가는 보물찾기처럼요. 그래서 설렘이 친밀감으로 이어지려면 '호기심'이라는 다정한 엔진이 필요해요. 상대를 더 알아가고 싶은 마음, 더 머물고 싶은 눈빛들이 우리를 친밀함으로 안내하는 것이죠.

　남의 연애에 관심이 있으시다면, 제 연애 이야기를 좀 들려드려도 될까요? 제가 한 기관에서 조교로 있을 때의 일이었어요. 그때의 저는 대학원 특별과정 입학을 앞두고, 미술치료 클리닉에서 임상수련과 행정조교 일을 함께 수행했기 때문에 여유가 없었어요. 잘하고 싶은 분야에서 더 많이 배우고 빨리 인정받고 싶다는 욕심도 컸죠.

　그곳에 타교 본과 4학년 학생들이 대체의학 관련 실습을 나왔어요. 그런데 그중 한 명이 제가 뭔가 일하고 있으면 다가와서 말을 걸었어요.

　"도와드릴까요?"

　저는 효율을 추구하는 사람이라 한 명이 할 일을 굳이 둘이 할 필요가 없다고 생각하여 거절했어요. 이후로도 몇 번 그렇게 도움을 주려 하였지만 사양했어요. 그러던 어느 날 교수님께서 특정 사진 파일을 실습생 아무개에게 전달받아 오라고 말씀하셨어요. 그 아무개는 일전에 저에게 말을 걸었던 그 학생이었죠. 덕분에 그분과 이메일 주소와 연락처를 주고받게 되었어요. 이후 몇 번의 학회 준비로 연락하며 자연스럽게 일 이외의 소소한 취미나 사는 동네 이야기도 나누게 되었어요.

놀랍게도 그와 저는 3분 거리에 사는 이웃 주민이었고, 그 덕분에 출근길에 자주 마주치면서 아무개가 아닌 저에게 의미 있는 한 사람이 되었습니다. 어느 날부터 출근길이 설렜고 함께 걷는 시간이 늘면서 감정도 조용히 자라났습니다. 그가 다정한 성격인 건 알았지만, 저를 향한 마음이 있음을 함께하는 시간 속에서 알게 되었어요.

호감은 눈빛으로 시작되지만, 호기심이 생겼어도 그 감정이 친밀감으로 이어지려면 시간이 쌓여야 합니다. 사랑은 결국 시간을 먹고 자라요. 시간을 함께하는 것은 서로의 마음에 씨앗 하나를 심는 일이고, 시간이 쌓인다는 것은 상대의 마음에 내 마음을 심을 기회가 많아진다는 의미죠. 그렇게 마음을 주고받으면서 '우리'라는 이름이 싹틉니다.

어떤 이들은 여기서부터 어렵다고 말해요. 할 일도 많고 나 하나 챙기기도 바쁜데 '그 사람을 위해' 내줄 시간이 없다는 거죠.

맞아요. 누군가를 사랑하려면 우선 내 마음과 시간과 환경의 여력이 되어야 가능하기는 합니다. 그래야 비로소 고개를 들어

주변을 두리번거릴 여유가 생기니까요. 내 옆에 빈자리를 잘 마련해 두고 누가 오든 다정하게 받아줄 마음의 준비도 하고요.

그런데 우리, 잘 알잖아요. 진짜 좋아하는 사람이 생기면 없던 시간도 쪼갠다는 것을요. 그 사람을 위해서가 아니라 나를 위해서요. 만나지 않아도 그 사람 생각으로 가득 차서, 뭐하고 있을까 궁금하고, 보고 싶고 더 알고 싶어서 근처를 배회하며 마주칠 우연까지 만들어내죠. 내 안의 다정함이 자꾸만 움직여서 흘러넘쳐 버려요.

누군가를 밀도 있게 만나는 일은 번거로운 일이 맞습니다. 효율적인 시간이 아니에요. 굳이 혼자 해도 될 일을 둘이 합니다. 혼자 밥 먹고 영화 봐도 되는데 둘이 만나서 먹을 것, 볼 것, 할 것을 맞추고 조율하는 과정도 효율성을 따지면 못할 일입니다. 심지어 상대가 좋아하는 것, 상대가 더 잘 해내길 응원하는 마음에서 내가 금방 할 수 있고 잘할 수 있음에도 짐짓 뒤에서 말없이 지켜봐 주는 건 효율성으로 따지면 굳이 할 필요가 없죠. 하지 않아도 될 일들로 가득 찬 선택을 '굳이' 매일 다시 선택하는 것, 그 다정함의 정체가 사랑이 시작되었다는 증거입니다.

사랑에 빠지는 과정에서는 선택의 기준에 '다정함'이 압도

적입니다. 효율적이고 계산적으로 따져서 얻어낸 비용과 시간보다, 상대가 직접 해내거나 느낄 기쁨을 온전히 주고 싶다는 다정한 마음이 더 크게 느껴집니다.

예를 들어 이미 봤던 영화여도 상대가 보고 싶다고 하면 같이 봅니다. 새로운 마음으로 보고, 상대의 평이 나와 달라도 "그렇게 볼 수도 있구나"라며 맞장구쳐 줘요. 나는 초밥을 별로 안 먹고 싶어도 상대가 먹고 싶다고 하면 같이 가주는 것도 그 사람이 나와 함께하는 시간이 기쁨으로 가득 찼으면 좋겠다는 내 안의 다정한 마음이 시키는 일입니다.

그 다정한 마음이 어디서 왔을까요? 우리가 받은 수많은 다정함이 원천일 거예요. 우리 가족은 화목하지 않았고, 부모님은 늘 다투셨다고요? 무뚝뚝한 보호자 아래서 사랑의 말이나 인정의 격려를 받아본 적 없다고요? 어쩌면 그랬을지도 모르죠.

그러나 딱 한 가지, 다정함을 흐르게 할 마중물 정도의 사랑조차 당신의 온 생애 중 정말 없었을까요? 혼자서는 우유조차 먹을 수 없어서 누군가의 보살핌과 희생으로 키워낸 '사랑'의 흔적이 지금의 당신인 걸요. 아이가 과자봉지를 못 뜯고 씨름하고 있어요. 그러면 아빠가 귀퉁이를 살짝 찢어서 건네 줍니다. 그러면 아이는 수월하게 봉지를 뜯고는 해냈다고 뿌듯해 하죠. 엄마는 뙤약볕이 싫어요. 그래도 한여름에 아이를 번쩍 안고 모래사장을 씩씩하게 걸어가 바닷가에서 아이가 안전하게 놀도록 옆에서 있어 주잖아요. 달리기하다가 넘어졌을 때 선생님이 약 발라 주시면서 함께 건네주신 사탕 한 알에 힘내 봤잖아요. 시험 망쳐서 엉엉 울 때, 옆에서 같이 있어 주던 친구의 조용한 위로도 받아 봤고요. 학교 앞 떡볶이집 아주머니가 시험 잘 보라며 삶은 달걀 하나를 더 주신 선물의 주인공이었던 적 있잖아요.

우리는 그렇게 누군가의 다정함을 받으며 자라왔습니다. 당신이 지나온 시간에 묻어 있는 수많은 관심과 애정이 지금 당신이 다른 사람에게 나눠줄 다정함의 자양분이 되었습니다.

아무리 큰 호기심과 두근거리는 설렘이 있어도 결국 서로를 알아가는 대화, 하루의 일과를 공유하는 등의 소소한 일상이 쌓여야 진짜 '관계'로 나아갈 수 있습니다. 시간을 내어 누군가를 만나는 일은 효율적이지 않을 수 있어요.

그럼에도 효율적인 혼자보다 비효율적인 두 사람의 시간을 선택해 보길 바라요. 그 안에서 계산할 수 없는 감정의 온도가 당신의 삶에 초대되면 좋겠어요. 다정함은 받을 때보다 줄 때 더 벅차고 오래 남고 기쁘다는 것을 알게 되길 바랍니다.

만약 주는 사랑이 얼마나 좋은지 당신이 바로 알아차렸다면, 당신은 이미 주는 사랑의 힘을 알고 있는 사람이겠네요. 일상에서 그런 벅찬 순간들을 쌓아가세요. 그것이 결국 당신을 지탱할 자양분이 될 테니까요.

믿을 만해서가 아니라
믿어 주는 마음

사랑은 소소한 일상으로 만들어집니다. 물론 큰 희생과 엄청난 에너지를 쏟을 때가 있고 그것이 서로의 마음을 확인하는 기회가 되기도 하지만, 사랑을 이루는 대부분은 평범한 일상 속에서 조용한 감정을 교환하며 채워집니다. 그 과정에서 설렘이 친밀감으로, 믿음이 신뢰로 더 단단해집니다.

저는 믿음과 신뢰를 구별해서 생각하는 편인데요. 믿음은 내가 열어주는 문으로 들어오게 하는 초대이고, 신뢰는 함께 쌓아 올린 날들의 무게로 만들어집니다. 즉, 믿음은 내가 믿기로 선택하는 것이라고 보는 관점이에요.

제가 워크숍을 진행할 때 한 번씩 하는 프로그램이 있어요. 옆에 있는 모르는 사람과 짝을 짓습니다. 둘 중 한 사람의 눈을 가린 채 펜을 쥐게 합니다. 그 펜으로 책상 위에 놓인 미로를 풀어 가는 거예요. 눈을 가렸는데 어떻게 미로를 풀까요? 옆 사람이 미로의 답을 설명해 줍니다. 눈을 가린 사람은 그 말을 따라서 통과해 냅니다. 미로를 풀고 나면 질문을 합니다.

"당신은 뭘 믿고 이 사람의 말을 따라서 미로를 풀어 갔나요?"

뭐 믿음직하게 생겼을 수도 있죠. 그런데 옆 사람은 모르는 사람이에요. 오늘 처음 만났습니다. 믿음직하게 생겼다는 요소가 있다고 해도, 결정적이지 않았을 것이죠. 그냥 그 사람의 말을 믿기로 결정해서 그의 말에 따른 것입니다.

믿음은 내가 선택하는 것입니다. 신뢰는 그런 믿음으로 만든 여러 경험과 기회들이 쌓여서 만들어진 결과입니다. 예를 들어 연인이 지금 내 옆에 없지만, 나는 그 사람이 나와 함께 있지 않을 때에도 나를 사랑한다고 믿기로 합니다. 두 사람이 함께할 때 상대는 자신의 성실한 태도를 통해 그 믿음에 대한 신뢰를 쌓아가는 것이죠.

상대가 나를 충분히 사랑해 주어도 나는 불안할 수 있어요. 모든 것이 잘 맞고 별 탈 없는 하루하루가 이어지는데도 계속 사랑을 확인받고 싶고, 연결감을 느끼고 싶고, 자신을 얼마나 중요한 존재로 여기는지 묻고 싶을 수 있어요. 그것은 이 사람이 믿음직스럽지 않아서가 아니라 어쩌면 내가 기억하지도 못할 나의 심리적 구멍으로 인한 반응일 수 있어요. 불안이 만들어내는 반응에 쉬이 따라가지 않았으면 합니다. 그럴 때는 이 사실을 기억했으면 좋겠어요.

'나의 이 불안은 이 사람의 것도, 지금의 나의 것도 아니다.'

사랑해 주고 싶은 사람이 생겼다면, 그를 좋은 사람이라고 믿어 보세요. 당신 곁에 있는 그 사람은 좋은 사람일 겁니다. 아무나 좋아하고 누구든 받아주라는 이야기가 아닙니다. 당신이 그 사람에게 좋은 감정을 피워냈던 지점이 있을 거예요. 당신이 발견한 그 지점에서 시작해 좋은 면을 계속 바라봐 주고, 먼지가 덮인 부분이 있다면 툭툭 털어내 돋보이게 해줄 수 있다는 이야기입니다.

그렇게 내 시선으로 바라본 그 사람을 믿어 보았으면 합니다. 내가 믿어 줌으로써 그 사람이 새롭게 피어나는 모습을 목격하는 즐거움을 느껴 보길 바라요. 사랑은 완벽한 사람을 찾는 일이 아니라, 내가 믿고 싶은 그 부분에 스포트라이트를 비추듯

주목해 주는 것입니다.

물론 잘 관찰해야 해요. 부족한 면이나 부정적인 면을 내가 감당할 수 있는지 확인하는 것도 중요하죠. 자존감이 잘 서 있고 마음이 건강한 사람끼리 만나면 좋지만, 간혹 균형이 조금 안 맞기도 합니다.

저는 자존감이 높은 사람은 아니었어요. 어릴 적 믿었던 친구들에게 학교폭력을 당했던 경험이나, 가정 형편이 어려워서 제가 아르바이트를 하며 빚도 갚고 생활비도 감당해야 했던 시기도 있었습니다. 이런 시간이 쌓일수록 사람이 위축되더라고요. 게다가 제가 만났던 남자친구의 부모님이 드라마의 한 장면처럼 저에게 가난하다는 이유로 헤어지라고 종용했던 경험도 있습니다. 나름 당돌하게 나도 그런 자리는 싫다고 받아치고 나왔지만, 드라마 주인공들처럼 시원하지 않고 생각보다 더 충격이고 상처로 남더라고요.

자존감을 말할 때 보통 생애 초기의 애착 대상과의 관계에서, 부모가 나를 바라봤던 시선이 평생 나 자신을 보는 기준이 되기도 한다고 하죠. 하지만 저는 그게 전부는 아닌 것 같아요. 엄마가 저를 바라보는 시선은 참 따뜻했거든요.

제가 어릴 적 살던 동네는 시골이어서 그런지 운동회가 열리면 유치원 아이들부터 초등학교 아이들까지 모두 참여하도록 해주었어요. 마을 어른들이 나서서 아이들을 위한 다양한 경기를 펼쳐 주었죠. 그중에서 제가 기억하는 한 장면은 사탕 달리기입니다.

게임의 룰은 단순합니다. 두 사람이 달려가서 쟁반에 담긴 사탕을 손으로 집고 다시 출발 지점으로 빠르게 들어오는 것입니다. 이긴 사람은 공책 한 권을 받았어요. 그런데 유치원생이던 저에게는 공책보다 쟁반 위의 사탕이 더 큰 보상이었어요. 제 차례가 되자 저는 열심히 달려가 쟁반 위의 사탕을 집어 들었죠. 문제는 사탕 한 개를 잡고 돌아와야 하는데, 저는 쟁반 위에 놓인 사탕을 한 움큼 쓸어 담은 거예요.

당신이 만약 그런 아이를 본다면 어떻게 하시겠어요? "어휴, 쟤가 왜 그럴까?"라고 부끄러워하거나, "어머, 너 규칙을 지켜야지! 하나만 물고 가!"라고 지적하거나, "으이구 이놈아" 하고 쥐어박고 지나지 않을까요?

그런데 사탕을 옷에 잔뜩 담고 뒤뚱거리며 가는 저와 함께 엄마의 모습이 담긴 사진이 있습니다. 사진 속 엄마는 쓰고 있던 모자를 벗어 저를 향해 달려오고 계세요. 사탕 담을 바구니를 마련해 주신 것이죠. 욕심 많은 딸래미를 쥐어박지 않고, 그냥 그날의 천진난만한 제 마음을 받아주셨습니다.

엄마는 늘 그렇게 있는 그대로의 저를 한결같이 사랑해 주셨어요. 그러한 엄마의 단단한 믿음과 격려를 받았어도, 세상의 모난 바람에 참 휘청이게 되더라고요. 나라는 존재가 부족하게 느껴졌습니다. 20대의 저는 많이 위축되어 있었어요.

'도와드릴까요?'라는 질문으로 첫 대화를 시작했던 그는 한결같이 다정하고 진실된 사람이었습니다. 그렇게 괜찮은 그가 저를 왜 좋아하는지 궁금했어요. 저에 대한 자신감이 없다 보니 혹시 나를 잠깐 만났다가 헤어질 인연으로 생각하는 것 아닐까 의심하기도 했습니다. 그럴 때마다 그는 일관되고 단호하게 말했습니다.

"수연 씨가 스스로를 잘 못 믿어도 제 선택을 의심하지는 않았으면 좋겠어요. 저는 저의 선택에 확신이 있고, 제 선택에 책임을 질 수 있는 사람이에요. 그리고 저는 아무나 사귀는 사람이 아니에요."

그가 한결같은 말로 저를 붙잡아 주는 동안, 저는 자신을 조금씩 덜 미워하게 되었어요. 제 자신을 위축하게 만든 경험들로 인한 상처가 이 사람과의 연애 중에 툭툭 튀어나오더라고요. 그때는 그 감정이 내 불안의 왜곡된 표현이라는 것을 몰랐습니다. 그럼에도 그는 이 말을 3년여의 연애 동안 꾸준하고 일관되게 해주었어요.

제가 연애하면서 발견한 이 사람은 적어도 가볍지 않았고, 그가 일관된 행동과 말로 신뢰를 주니 저도 저를 바라보는 눈을 다시 갖출 수 있게 되었습니다. 그의 다정한 시선은 제가 저를 다시 괜찮은 사람으로 바라보게 만들어 주었죠.

'저 사람이 바라보는 괜찮은 내가 진짜 나야. 나는 저 사람을 믿고, 저 사람의 시선도 믿어.'

진실한 마음을 받으면 한 사람이 바뀔 수 있다는 것을 경험했어요. 물론 저에게는 사랑하는 가족과 친구들이 있었지만, 사랑하는 사람이 주는 정서의 밀도와 에너지는 매우 크더군요. 그는 제가 숨기고 있던 상처 위에 다정한 말들을 조심스레 놓아주었고, 그 덕분에 저는 조금씩 다시 저를 사랑하고 믿어 주는 마음을 회복하기 시작했습니다.

사랑은 '믿을 만해서 믿는 것'보다 '믿어 주는 마음'으로 상대를 바라보면서 서로를 키워가는 과정 같아요. 물론 제 안에는 사랑할 만한 싹이 있었어요. 어릴 적, 운동회에서 사탕을 쓸어 담는 아이였던 저에게 건넨 엄마의 모자에 사랑이 듬뿍 담겨 있었으니까요. 그때의 그 따뜻한 시선이 저라는 사람의 자양분이 겠죠.

좋은 자양분이 있어도 세상의 모난 바람은 우리를 휘청이게 만들 수 있어요. 그래도 괜찮습니다. 누군가가 당신을 믿기로 하고 그 믿음을 지속한다면, 당신은 다시 서게 될 테니까요. 믿어 주는 그 마음이 한 사람을 단단하게 만듭니다. 사랑은 그렇게 믿음에서 시작됩니다.

이제 묻고 싶어요. 당신은 그 사람을 믿어줄 용기를 꺼낼 수 있나요?

불안해도
다시 사랑하고 싶은 이유

일관된 사람을 만나 안정된 사랑을 하고 있다는 이야기를 담고 보니, 제가 연애를 참 잘했던 사람처럼 보일 수 있겠다는 생각이 드네요. 저는 그저 연애를 잘하고 싶었지만, 버겁게 배워야 했던 사람입니다. 그런데 중간에 끊어진 이전의 사랑들을 '참 좋은 사람' '성공한 관계'라고 기억하는 분들이 얼마나 있을까요. 저도 그렇습니다. 남들 핑계를 댔지만, 사실 저는 어쩌면 더 유난하게, 더 어렵게 저의 흑역사 같은 만남과 이별을 차곡차곡 쌓아 온 사람입니다.

제가 상담심리학을 공부하고, 학생들을 가르치고, 많은 사람을 상담하면서 조금씩 이어온 저만의 미션이 있어요. 배움과 나눔과 상담 속에서 제 오래전 관계의 시간들을 떠올리며 그 파편

들을 조심스럽게 꺼내 다듬어 주는 것입니다.

　결론부터 말하자면, 결혼 전 몇 번의 연애가 있었지만 그 끊어진 관계들을 실패라고 부르고 싶지 않습니다. 제가 겪은 다양한 만남부터 이별까지의 관계들은 저에게 필요한 시간이었어요. 설레는 시작이 있고 따뜻한 나눔이 있었습니다. 저와 다른 상대를 통해 새로운 시야를 배웠고, 저와 다른 경험을 들으면서 이해의 폭도 넓어졌어요. 그렇게 좋은 시절들이 있어도 어떤 한 순간의 다름을 보았을 때, 때로는 불편한 일상이 쌓이다 결국 더는 이어지지 않는 사이가 되었겠죠.

　밀도 있는 만남이 주는 울림은 불완전하고 불안했던 20대의 저였기에 유독 크게 느껴졌고, 그 울림이 무척이나 버거웠어요. 그런 울림의 지점들을 천천히 살펴보니, 저의 어떤 부분이 흔들렸고 쓰렸는지 알게 되었습니다. 사소한 말에 격하게 반응했고, 그런 제가 혼란스럽고 부끄러워 내 감정을 자극한 상대를 원망했던 시간들은, 사실 제가 상대방과 함께하는 시간이 좋으면서도 불안해서 나온 반응들이었습니다. 지난 시간을 돌이켜 생각할수록 제가 풀어야 할 숙제들과 저를 위로해 주어야 할 부분들이 보였습니다.

제가 당신에게 사랑의 설렘과 따뜻함, 좋은 만남과 이별, 관계의 태도에 관해 이야기하고 있지만, 이별을 덜 아프게 겪는 방법, 안 아프게 사랑을 끝내는 방법은 아직도 모릅니다. 시작은 아름다워도 마지막은 아름답지 않은 관계가 있습니다. 지나간 연애는 대부분 그런 모양이겠죠. 미련 없이 뒤돌아서는 이별도 있지만, 상처를 깊이 남기고 돌아서는 이별도 있습니다.

저도 결혼까지 생각했던 누군가와 헤어질 때, 서로에게 큰 상처를 주고받은 경험이 있습니다. 우리가 더는 사랑하지 않고, 서로가 그리는 미래와 삶의 태도가 너무 다르다는 것이 설렘으로 가려졌던 초기의 연애가 지나니 보이더라고요. 20대 초반에 만난 그는 저와 다른 모습이 많았습니다. 그런 그가 멋있고 새로워서 속절없이 빠져들었어요. 그리고 중요한 건, 내가 겪고 있는 어려움들을 빨리 끝내고 싶었어요. 저에게 그 시절은 앞이 잘 보이지 않는 듯한 기분이었거든요. 그와 결혼하면 '남들처럼' 살 수 있지 않을까, 작고 소박한 가정이 안정감을 주지 않을까 하는 막연한 희망에 그 사람을 붙잡고 지냈습니다.

그런데 문득, 나와 너무나도 결이 다른 그 사람을 먼 미래에도 사랑할 수 있을까 하는 물음이 생겼습니다. 아니더라고요. 뭔가 중요한 것을 놓치고 있다는 생각이 들었어요. 그건 '나'였습니다. 어느 순간부터인가 그의 시선에는 내가 없었습니다. 그와는 중요하고 진지한 대화를 나누기 어렵다는 것도 깨달았습니다. '우리'는 있는데, '나'의 미래와 성장은 멈춘 것 같았습니다.

저는 그와의 관계가 끝이라는 것을 깨달았지만, 그는 그것을 받아들이려 하지 않았습니다. 친밀함을 넘어 익숙해진 관계를 끝내기란 참 어렵죠. 저는 이별로 상처를 주었고, 그는 이별을 받아들이는 과정에서의 행동들로 저에게 상처를 주었습니다.

사랑했던 사람과 헤어질 때 두 가지 마음이 들 수 있습니다. 더는 이런 큰 상처를 남기는 깊은 관계는 시작하고 싶지 않다. 혹은 다음에도 상처받겠지만 누군가를 사랑하는 그 과정을 다시 겪어내고 싶다.

저는 후자에 속한 사람이었습니다. 그래서 당신에게도 상처받아도 다시 그 길을 가라고 이야기할 수 있겠죠. 저는 이별을 통해 깨달은 것이 있습니다. 누군가와 오래 이어갈 만큼의 깊은 만남을 원한다면 나는 어떤 사람을 좋아하고, 어떤 모습은 절대 받아들일 수 없는가를 진지하게 고민해 보자고 생각했습니다. 이 생각은 아주 유효했어요. 물론 그 기준들이 절대적이지 않고 많이 바뀌었지만, 적어도 그때의 내 마음을 조금씩 정리하고 알아가니 이후 맞닥뜨리게 되는 문제에 대해서는 조금 의연할 수 있더라고요.

진심 어린 마음을 받아본 적이 없거나, 흔들리고 싶지 않아서 혼자인 상태를 '유지'하려는 포인트가 있나요? 제가 당신에게 제안하고 싶은 건, 그 상처가 당신의 인생을 송두리째 바꾸지는 않으니 다시 해 보자는 거예요. 저도 관계 맺기가 여전히 어렵습니다. 그래도 아주 감사하게도 '시절 인연'들을 지나면서 내 안에 사람에 대해 배우는 무언가가 쌓였고, 쌓인 무언가들을 통해 '평생 인연'을 만들 수 있었다는 거예요.

"선생님은 저만큼 아파 보지 않아서 그래요."

제가 학생들에게 20대와 30대를 지나며 사랑은 모두 좋은 경험으로 쌓이니 이별이 두려워서 마음을 닫지 말라고 이야기하면 이런 말을 한 번씩 듣고는 합니다. 아마도 그 학생은 연애에서 힘겨운 시간을 보내고 있거나 보냈던 경험이 있을 거예요. 그럴 때는 제가 경험한 상처가 그 학생의 상처보다 더 깊거나 얕다는 정도를 논하기보다, 그럼에도 너는 좋은 사랑을 받게 될 거라고 말해 줍니다. (솔직히 조금 더 세게 "그냥 그래도 사랑해!"라고 말하곤 하죠.) 우리는 상처받아도 다시 한번 마음을 내어줄 힘을 가진 존재라고 저는 믿거든요.

마음을 한 뼘 내어주면 더 큰 마음을 받게 될 거예요. 결국 인간은 성장하는 존재라, 믿어 주는 사람의 시선에 부응하려고 노력하게 되니까요. 그 믿음이 자기 자신에게서 스스로 차오르면 가장 좋고요.

저는 저를 '노꼰'이라고 자주 소개합니다. 상담심리를 공부하면서 저는 제 기억과 상처와 태도를 여전히 다듬어 가는 '노력'형 인간이에요. 나이가 어느 정도 들면서 전하고 싶은 말이 많아진 '꼰대'이기도 하죠. 그래서 저는 '노력하는 꼰대'입니다. 저는 힘들게 지났지만 당신의 그 시절은 덜 힘들고 더 아름답길 바라는 간절함으로 전하는 이야기예요.

저에게서 안 아픈 이별을 하는 법, 한눈에 내 사람 찾는 법, 완벽한 만남을 이루는 법, 상대방의 마음을 완전히 뺏어오는 법 등등을 기대한다면, 미안하지만 저에게는 그 답이 없어요. 오히려 저는 이 책에서 당신이 보고 싶지 않고 외면했던 것들을 건드릴지 모릅니다. 사랑하면서 나의 불완전함이 더 크게 보이고,

내 불안이 얼마나 못난 모양인지, 별로였던 나의 태도를 떠올릴 수도 있죠.

그런 걸 왜 알아야 하냐고 물으면, 당신의 연애가 상처로만 기억되지 않기를 바라서입니다. 이별은 아름다울 수 없지만 나의 성장에 남길 무언가가 있어요. 이후 좋은 인연을 만났을 때 그 사람을 놓치지 않도록 관계에서의 미숙한 실수를 줄일 수 있고, 내가 몰랐던 나를 발견해서 상처를 보듬거나 나의 태도를 좀 더 나아지게 해서 좋은 사랑을 주는 사람으로 안내할 수 있습니다. 당신이 좋은 사람이 되면, 좋은 사람이 다가올 거예요.

이 책을 읽는 당신이 "그래서 지금은 인간관계를, 사랑을 잘하세요?"라고 저에게 물으면, 흠, 또 말문이 잠시 막히네요. 지금도 이별이 힘들어요. 사랑하는 엄마가 천국으로 가신 후 3년 동안 온몸으로 이별을 겪고 나니, 헤어짐과 회복에 확실히 더딘 사람이란 것을 다시금 깨달았습니다. 그래도 계속 연습하는 중입니다. 노력하는 꼰대답게 앞으로도 계속 발버둥칠 겁니다. 새로운 사람을 잘 믿어 주고, 헤어질 때 잘 보내는 연습도 부단히 할 것입니다.

저는 저보다 마음 그릇이 큰 지금의 이 사람을 만났을 때 그가 주는 애정을 허겁지겁 받아먹었어요. '이런 내가 뭐라고' 싶은 마음이 들 정도였어요. 그렇게 결핍을 채우면서 내가 얼마나 미성숙했는지 알게 되었죠. 누군가를 잘 믿어 주고 충분히 사랑해 주는 마음이 얼마나 회복력을 갖는지 알 수 있었어요.

물론 우리의 시작이 일방적이진 않았겠죠. 서로 확인하는 애정의 모양은 사람마다 달라요. 다행히 그는 저에게 맞는 눈높이와 제가 먹을 수 있는 애정의 크기로 다가와 주었고, 저는 그가 주는 사랑을 맛있고 감사하게 잘 받았습니다. 그는 사랑을 잘 받아주는 제 모습을 애정 표현으로 받아들였고, 제가 그에게서 좋은 면들을 발견해 줄 때마다 기뻐했습니다. 이게 저희가 했던 사랑의 모양이었다고 생각해요.

제가 미숙할 때 이러한 사랑을 했다는 건, 당신에게도 희망일 수 있지 않을까요. 저처럼 부족한 사람도 좋은 사랑을 하면 반성문을 쓸 만큼은 성장할 수 있다는 것이니까요. 당신이 좋은 사람과 좋은 사랑을 하길 바라요. 그럴 수 있도록 당신이 좋은 사람임을 잘 발견해 내면 좋겠습니다.

사랑의 속도는 다를 수 있다, 맞춰 가는 연습

 엄마가 모처럼 비싼 소고기를 사 왔어요. 가족들에게 많이 먹이고 싶겠죠. 그런데 아이가 아직 어려요. 먹을 수 있는 고기의 크기가 작고 양도 적습니다. 맛있고 건강에 좋은 고기여도 엄마의 욕심만큼 먹일 수 없죠. 아무리 좋은 것도 삼킬 수 있는 정도로 건네야 사랑입니다.

 서로 만나는 과정도 그렇습니다. 사람마다 친밀감의 거리가 서로 달라요. 여기서 '남들'이나 '세상 기준'은 잠시 넣어두어도 좋습니다. 나와 상대가 만나 이루어진 '우리'는 다를 수 있어요.

 우리가 바라는 만남은 '지속 가능성'을 전제로 하지 않을까요. 좋은 관계는 한 번의 타이밍이 아니라, 여러 번 맞추어 가겠다는 마음으로 만들어져요. 한두 번 만날 사람, 내 바운더리 안으로 들이고 싶지 않은 사람으로 고민하는 일은 많지 않겠죠. 맛없는 식당이면 안 가게 되고, 어떤 직원의 태도가 불편했다면 외면하면 됩니다. 우리가 고민하는 것은 오래 보고 싶은 사람과의 관계에서 서로에게 바라는 온도와 속도와 방향이 조금씩 다를 때예요.

오랜 친구를 떠올려 보세요. 친구 사이가 유지되는 건, 약점을 알고 건드릴 때도 있지만 후벼 파지 않을 만큼의 적정 거리를 알고 있는 것이고, 장점을 잘 알아서 꼭 필요할 때 무심한 듯 꺼내줄 만큼 서로를 잘 안다는 이야기입니다. 그 선을 잘 지키지 않는 친구는 시간이 갈수록 내 바운더리 밖에 두게 됩니다. 두 번 볼 일을 한 번으로 줄이고, 몇 번 언급했음에도 조율되지 않으면 자연스럽게 멀어집니다. 우리의 에너지는 한정되어 있으니, 중요한 일과 소중한 사람에게 쓸 에너지를 불필요하게 퍼지지 않게 하려는 것이겠죠.

오래도록 믿어 주고 싶은 사람이 생기면 그래서 더 조심스러워야 합니다. 상대를 함부로 건드려서도 안 되고, 내가 하고 싶은 대로 너무 가까이 다가가서도 안 됩니다. 호기심을 가지고 질문하는 시기가 필요한 이유입니다. 어떤 속도로 다가갈지 알아야 하니까요.

서로를 알아가는 도구로 MBTI 정보를 많이 공유하죠? 그런데 밀도 있는 관계로 갈수록 MBTI를 안다고 해결되지 않습니다. 두 사람이 다 ESTJ예요. 그러면 서로 너무나 닮았으니 잘 맞을까요? 사회적인 활동에서는 외향적으로 보여도 개인의 공간에서는 혼자 있는 시간을 중요하게 여길 수 있어요. 내가 세운 계획의 모양과 상대가 세운 계획의 모양도 다를 수 있고요. 현실적인 생각의 기준이 완전 다르기도 합니다. 그럼에도 상대를 잘 안다고 생각해서 일방적으로 무언가를 요구하거나 일방적인 무언가로 서운해하면, 소통이 어려울 겁니다.

고기가 맛있다고 큼직하게 쌈을 싸서 입에 욱여넣어 주면 상대가 고마워할까요? 내 식대로 무언가를 주장하면 몇 번은 받아줄 수 있어도, 계속되면 결국 아플 거예요. 당신의 의도가 선했지만, 상대를 알아가려는 수고와 기다림이 부족하면 결국 어긋납니다. 혹여 당신이 상대의 속도가 버겁다고 느끼면, 말해야 합니다. 버겁다고요. 나도 어떤 식으로 조율할 테니 너도 이만큼만 조율해 달라고요. 적어도 오래 볼 사이라면 말이죠. 치열한 대화를 통해 조율의 지점을 찾아낼 수 있어야 하고, 거기에는 기다림도 포함되어야 합니다.

관계의 속도를 이야기할 때 떠오르는 몇 가지 주제들이 있죠. 만나는 횟수, 스킨십, 결혼 등등입니다. 뭔가 환경적으로 여건이 되지 않을 때는 어느 정도 이해하고 배려하려고 애씁니다. 그런데 우리가 자주 서운해하는 부분은 '할 수 있는데 안 하는 것'에 대해서일 겁니다.

일이 없는 날인데 집에서 쉬겠다고 하는 사람이 있어요. 또는 뭔가 해야 할 일이 있으면 같이 해주고 싶은데 상대는 굳이 혼자 하겠대요. 그러면 거절당한 것 같은 기분이 들어요. 내가 보고 싶지 않은 걸까, 나를 친밀하게 여기지 않아서 그 일을 함께 하지 않으려는 걸까, 여러 생각이 더해지고 해석되어 혼자 속상해집니다.

그런데 그런 사람이 있습니다. 아무것도 안 하고 집에 머무르면서 조용히 집안일을 하거나 책을 읽는 등의 시간을 가져야 충전되는 사람요. 상대를 사랑하지 않아서가 아니라 자기만의 방식으로 에너지를 채워야 그 방에서 나가려는 사람들이 있어요.

독립적인 사람도 그럴 수 있습니다. 자질구레한 일이어서, 좋은 것만 보여주고 싶어서, 굳이 수고하게 하고 싶지 않아서 혼자 뚝딱 해내려고 합니다.

힘든 일도 나누면 좋은데 잘 꺼내지 않는 사람도 있어요. 일하면서 받은 부정적 감정을 다 공유하자는 건 아니지만, 나를 믿지 못해서 그러는 걸까 서운해지죠. 그런데 이건 대화의 경험치로 풀어갈 수 있겠네요. 오랜 연인이 닮아간다고 말할 때 주로 대화하는 방식과 표현이 비슷해지는 것을 의미하는데요. 이럴 땐 어떤 말이든 차분하게 들어주고, 공통으로 주어진 과제가 생기면 문제를 잘 정리하면서 경청하는 모습을 보여 주세요. 진지한 태도와 공감받는 시간의 힘을 긍정적으로 경험하면, 상대방도 한 번 두 번 시도하면서 닮아가게 되는 경우가 많습니다. 그래서 대화의 방식과 빈도, 이해하려는 마음이 중요하죠.

저는 하루에 있었던 일을 부모님과 종알종알 이야기하면서 그날의 피로를 풀었던 사람입니다. 그런데 결혼해서 보니 남편은 퇴근 후 한두 시간을 자기 방으로 들어가 조용히 있는 거예요. 처음에는 '나에게서 마음이 멀어진 걸까?' '뭔가 일할 때 안 좋은 일이 있었나?' '나랑 얘기하는 게 싫은가?' 등등 별생각이

다 들었습니다. 연애할 때는 몰랐죠. 저와 함께 있을 때는 다정하고 대화도 잘 했으니까요.

관찰하고 대화하면서 알게 된 건, 남편은 그냥 '혼자 있는 시간'을 가져야 회복되는 사람이었습니다. 저는 '함께 있는 시간'을 가져야 회복되는 사람이고요. 그래서 우리는 고민 끝에 교차점을 찾았습니다. 퇴근 시간이 들쭉날쭉한 저보다 남편이 먼저 퇴근하는 날이 많으니, 남편은 퇴근 후 한두 시간 동안 혼자만의 시간을 가졌습니다. 제가 혹여 일찍 오는 날도 그 시간은 터치하지 않았습니다.

대신 제가 재미있는 예능 프로그램을 보는 잠들기 전 한두 시간은 꼭 함께하기로 했습니다. 같이 깔깔대며 웃고, 그러면서 나온 공통의 관심사와 하루의 소소한 일상도 나누었습니다.

간단해 보이나요? 교차점을 찾기까지 애를 먹었어요. 일찍 퇴근한 날 알콩달콩 수다 떠는 신혼을 그리잖아요. 그런데 전 그 시간이 아주 뒤에 있는 거예요. 가끔은 지금 당장 무언가를 이야기하고 싶어서 조르르 문 앞에 갔다가도 입 꾹 닫고 돌아왔습니다. 남편은 이렇게 노력하는 제 모습을 배려로 받고 고마워했어요. 대신 그 이후에 함께 TV를 보며 수다를 떨 때는 더할 나위 없이 재미있게 대화를 나누었죠. 나중에는 저도 저만의 시간을 갖는 것이 소중해졌습니다. 함께 있지만 각자 있는 시간의 필요성을 인정하고 적응해낸 것이죠.

관계의 속도에서 많이 언급되는 것 중 하나에 스킨십도 있죠. 깜빡이 없이 들어오는 스킨십에 깜짝 놀랄 때가 있어요. 학창 시절에도 팔짱 잘 끼고 어깨동무 잘하고 다니는 친구들이 있는 반면, 혼자서 씩씩하게 다녀야 편한 사람도 있으니까요. 자신에게는 자연스러운 일이 상대방에게는 부자연스러운 일일 수 있어요.

스킨십에서는 속도가 빠른 사람이 속도가 느린 사람에게 조금 더 맞춰 주면 어떨까요. 익숙하지 않은 것을 받아들이기가, 익숙한 것을 천천히 대하는 것보다 어렵다고 생각되어서요. 물론 그 정답은 관계마다 다르겠죠. 서로 답을 찾기 위해 부딪히면서 조율하는 수밖에요.

다만 이 과정이 "너는 왜 그래?"가 아니라 "그렇구나. 어떻게 하면 서로 조금 편할까?"의 방향으로 가야 합니다. 다른 거지 이상한 게 아니니까요. 사랑은 이해할 지점들을 찾아가는 여행이고, 그 여행 속에 만나는 교차점들이 우리만의 사랑 방식이 되어가는 거죠.

　내가 생각하는 관계의 속도는 이 정도인데, 상대는 저만치 앞서 나갈 때도 대화하기 어려울 수 있어요. 예를 들어 한 사람은 결혼을 생각하는데, 다른 사람은 결혼할 생각이 없거나 이 사람과는 결혼까지 가지 못할 것 같다고 생각하는 거죠. 이 문제를 화두에 올려놓으면 명확해지는데, 말을 꺼내기 어려워서 미묘하게 추측만 하고 모르는 척 넘어가면 어느 순간 앞서나간 한 사람의 마음이 상하다 못해 빵 터질 수 있어요.

　만약 상대는 결혼이라는 골인을 바라보고 있다는 걸 알면서 나는 결혼할 생각이 없다면, 용기 내서 대화할 필요가 있습니다. 서로의 속도와 방향이 다르다는 것을 알면서도 모르는 척하는 건 직무유기 같아요.

　아마 만남의 시기가 오래 지날수록 미래에 대한 이야기를 나눌 거고, 서로의 가족에 대해서도 알아가게 될 것입니다. 그런데 결혼은 인생에서 몇 번 없는 중요한 고개로 꼽는 순간이죠. 결혼할 시기가 서로 비슷할 때 만나서 교제하게 된 사람이라면 조금 수월하게 결혼까지 골인하는 경우가 많지만, 그렇지 않고 서로 생각하는 결혼의 시기가 전혀 다르면 조율이 어려울 수 있습니다. 결혼은 서로의 가족이 하나로 만나게 되는 만큼 책임감의 무게가 달라지기 때문에, 상대가 연인이 아니라 배우자로서도 적합한지 생각하게 되고, 자신의 환경과 여건, 상대의 환경과 여건을 조율하는 것도 고려하게 됩니다.

솔직히 저는 결혼을 너무 어렵게만 생각하지 않았으면 좋겠습니다. 좋은 만남을 이어가고 있고 상대에 대한 신뢰가 굳건하다면 결혼하라고 권해요. 애인일 때보다 배우자로서 서로에게 주는 영향력은 더 강하고 두 사람은 더 견고해질 수 있거든요. 그런데 그러기 위해서라도 상대가 좋은 사람인지, 나도 좋은 사람인지 묻고 답하는 과정을 꼭 한 번은 지나고 시작했으면 하는 바람입니다. 좋다는 감정만으로 덤벼들 만큼 가벼운 일은 아니니까요.

둘 다 알아가는 단계여서 아직 결혼이라는 생각조차 안 해봤는데 "넌 결혼 생각이 있어, 없어?"라고 물으면 다그치는 느낌이 들겠죠? 어떤 사람은 결혼에 대한 마음이 없다가도 그 마음이 생길 수 있으니 그건 시간에 좀 더 맡겨 봅시다.

서로의 거리가 다르다면 한 발 다가가고 두 발 물러서는 등의 조율점을 찾기 위해 서로 많이 관찰하고 대화해야 합니다. 내 눈에는 할 만한 일이어도, 상대방에겐 큰일이고 생소한 일일 수 있음을 기억해 둡시다. 속도가 다르다는 것은 같이 걷지 못할 일은 아닙니다. 그리고 내 발걸음의 속도만큼 상대의 속도도 고려하는 조율이 필요합니다.

다퉜다고 멀어지지 않는다,
회복의 기술

꼭 해야 하는 말이지만 불편한 대화를 나누면 사이가 멀어질까 봐 참는다는 사람이 있습니다. 괜히 싸움이 나서 헤어지느니, 내가 이 불편함을 감수하고 지내겠다는 것이죠. 그런데요, 진짜 친밀감은 침묵이 아니라 회복을 감내하는 대화에서 자랍니다. 건강한 친밀감은 갈등을 회피하지 않고 회복하는 능력에 있어요. 누군가의 결핍이나 위기를 목격했을 때, 그 상황을 외면하지 않고 극복하려는 의지를 품는 것, 그것이 진짜 사랑입니다.

사람과 사람이 만나 '우리'가 되기까지 서로의 다름을 이해하고 받아들이는 수많은 주고받음이 생깁니다. 그 과정이 늘 좋지는 않아요. 이해가 안 되는 부분이 있고, 더 나은 모습을 위해 조언해야 하는 경우도 생깁니다. 갈등을 감내하지 않는 것은 그만큼 너를 오래 보고 싶지 않다는 표현이 될 수 있어요. '나는 너의 불편함을 받아 줄 만큼 너를 좋아하지 않는다'는 것이죠. 이렇게 갈등은 우리 관계의 밀도를 직면하게 만듭니다. 친밀감은 계속 좋은 사이로 나아가기 위해 갈등과 회복이라는 과정을 감내해야 유지됩니다.

'끝날까 두려워서' 늘 웃기만 하는 사이를 유지하겠다면, 우리 사이에서 문제가 분명한데도 그 불편함에 대한 의견을 낼 수 없다면, 당신은 혹시 다음 중 어떤 마음인지 살펴보았으면 합니다.

- 내가 어떤 말도 못할 만큼 상대에게 위축되어 있다. (자존감)
- 대화하다가 갑자기 욱하는 상대를 감당할 자신이 없다. 그냥 다 품겠다. (구원자 심리)
- 상대가 이 대화로 나를 떠나갈 수 있다는 불안감이 크다. (버려짐의 두려움)
- 우리는 이 문제를 회복하기 위해 노력할 사이가 아니다. (친밀감의 지속 가능성 결여)

이 네 가지 마음 중에 관계의 평형이 잘 이루어졌다고 느껴지는 것이 있나요? 어느 쪽이든, 다뤄야 하는 것을 다루지 않는 관계는 오래 유지되기가 어려울 수 있습니다. 한쪽이 일방적으로 참는 관계는 상처가 되고, 상처는 쌓이면 결국 겉으로 나오게 되거든요.

게다가 당신은 부모가 아닙니다. 부모도 아이의 만 3년까지만 아무 조건 없는 사랑을 줄 뿐, 이후에는 보호자로서 가르치고 조율하는 과정을 통해 아이를 양육합니다. 그런데 당신이 상대를 다 참아줄 수 있다고 생각한다면, 상대의 어떠함이 아니라 당신의 어떠함이 이런 관계성을 감당하게 하는지 점검해 보아야 할 것 같습니다.

우리는 관계를 이어나가기 위해 갈등이 있어도 회복이라는 과정을 해냅니다. 사람은 모두 다르고, 서로를 알아가는 과정은 꽤 깁니다. 날마다 좋은 감정만 나누면 좋지만, 인생이 그렇듯 관계에도 웃을 일이 있으면 화날 일도 있고, 예상치 못한 갈등도 생깁니다. 아무 사이도 아니면 싸움을 두려워할 이유도 없겠죠. 그런 사이라면 아예 외면하거나 아니면 더없이 격하게 감정을 표현하기도 합니다. 하지만 우리는 특별한 사이므로 이 갈등을 외면하지 못합니다. 우리는 내일도 볼 사이니까요.

내일도 보고 1년 후, 먼 미래까지 함께하고 싶은 사람이라면 10년 후에 오늘 내 모습을 상대가 어떻게 기억할지 떠올려 보세요. 물론 대화하다가 건드려지는 감정이 격해져서 막 화를 내거나 날 선 말이 나올 수 있어요. 그 내용과 방향은 맞았을지라도 격한 감정 표현으로 상처를 주었다면, 제대로 사과하기를 바랍니다. 그러면 상대는 그럭저럭 잘 소화하고 지나갈 수 있어요. 오래 보아온 당신에 대한 신뢰가 단단하다면요. 그렇게 쏟아낸 감정이 당신을 설명하는 전부가 아님을 안다는 뜻입니다.

감정 조절을 어려워할 수 있지만, 감정 조절할 의지조차 없다면 그건 정말 상대의 마음을 감정 쓰레기통으로 만드는 것이잖아요. 당연히 상대는 지치고 당신에게 실망할 것입니다. 또는 내가 무언가를 조언할 때, 상대를 위한 진심이라고 해도 다그치듯 몰아세우면 사람은 본능적으로 자기를 보호하려는 반응이 나옵니다. 그래서 되레 화를 내기도 해요. 자기방어입니다. 우리가 친구든 가족이든 연인이든 어떤 대화를 할 때 정도 이상의 감정을 쏟아내는 일이 잦다면 상대는 나와 대면하는 시간을 줄이고 싶을 것입니다.

자기감정을 소화하고 살기도 어려운데, 아무리 사랑하는 사람이어도 상대의 부정적 감정을 다 받아줄 만큼 마음 그릇이 넉넉한 사람은 별로 없어요. 내가 감정 조절을 잘하지 못할 뿐 아니라 하려는 의지조차 없다면, 그 사람은 내 곁을 떠날 준비를 시작할 것입니다. 감정을 보이지 말라는 것이 아니라 함부로 쏟아내도 되는, 상대의 마음을 신경 쓰지 않는다는 표현을 내보이지 말라는 것입니다.

이별할 걱정 없이 하고 싶은 말 다 하는 사이가 가족이죠. 이별할 걱정이 없어서 할 말, 못 할 말을 너무 가리지 않아 문제가 발생하는 관계가 가족이기도 합니다. 그래서 가족은 내 몸처럼 너무나도 소중하지만 그만큼 상처도 많이 주고받습니다.

그런 사이가 하나 더 있어요. 나 자신입니다. 나 자신에 대한 비난이 과한 사람도 많죠. 작은 실수에도 크게 자책하고는 합니다. 내가 나를 다그쳐도 아파요. 내가 나를 혼내서 남긴 상처도 여러 번 쌓이면 마음 건강이 휘청일 수 있어요. 자기 자신이 주는 채찍도 아픈데, 사랑하는 사람이 계속해서 나를 때린다면 어떨까요?

사람은 가까운 사람에게 인정받고 싶고 조금 느슨해지고 싶은 마음이 있어요. 사회적인 긴장감을 내려놓고 아이처럼 투덜대기도 하고 속마음도 툭 꺼내는 것이죠. 그렇게 마음을 편하게 나누고 싶은 사람에게 계속해서 찔림을 당한다면, 아마 다시 긴장 모드로 들어갈 수 있습니다. 그러면 진심을 나누기가 그만큼 더 어려워지겠죠.

무엇보다 부정적 대화, 다툼의 목적은 우리 앞에 주어진 문제를 같이 해결할 방법을 찾아, 내일은 이 문제로 갈등을 겪지 말자는 데 있어야 합니다. 친밀감에는 갈등과 회복이 있습니다. 무겁고 어려운 이야기를 나누어도 대화의 방향이 헤어짐이 아니라 회복으로 갈 수 있어야 합니다. 그럴 수 없다면 아직 친밀감의 강도가 약하다는 뜻이겠죠.

그런데 아무리 친밀한 사이여도, 내가 나에게조차 함부로 해서는 안 되는 것처럼 대화의 내용은 무겁고 어려울지언정, 감정을 폭발시키고 예의를 갖추지 않는 태도를 갖거나 '아프게 하려고' '이기려고' 대화하는 실수는 줄여갔으면 합니다.

당신이 상대에게 요구하는 그것이 사실은 당신의 결핍에서 나온 어려움일 수 있습니다. 친구든 연인이든 내가 사랑하는 그 사람이 나의 부모는 아닙니다. 교사나 상담자도 아니고요. 몇 년 전에 있었던 문제의 실타래가 풀어지지 않은 것인데, 지금 내 앞에 있는 사람에게 그 불만을 쏟아내며 네 탓이라고 오해할 수 있어요.

이것이 자기 모습 같다고 여겨지면 전문가를 만나세요. 당신이 뭔가 건강하지 않아서 상담을 받으라는 것이 아닙니다. 예를 들어 3년간 치열하게 상처받고 투닥이며 알게 될 나를, 전문가를 만나면 축약된 질문과 대화를 통해서 불과 한두 달 만에 알아낼 수도 있기 때문이에요. 그렇게 마음 한편에 있던 무게를 털어내면 지금 눈앞에 있는 좋은 사람을 놓치지 않게 할 수도 있으니까요.

내가 나를 자주 채찍질하는 모습이 있다면, 나 자신에게 먼저 다정하게 대해 주라고 이야기하고 싶어요. 상처의 한 부위를 계속 후벼 파면, 상처는 회복되지 않아요. 더 곪아갈 뿐이죠. 그런 당신의 모습이 있다면, 자신도 모르게 그런 태도를 사랑하는 사람에게도 자주 보일 수 있어요. 상대가 그 말을 하는 당신의 진심을 알더라도 아플 것입니다. 그러니 먼저, 애써 노력해서 나 자신을 인정해 주고 사랑하는 시선으로 바라봐주는 다정함을 훈련하길 바랍니다.

손해처럼 보여도
사랑하길 잘했다는 순간이 있다

많은 사람이 '손해보지 않기'를 중요한 원칙처럼 여깁니다. 더치페이가 생활이 되고, 일과 삶의 균형을 지키려는 태도도 사회 전반으로 퍼졌죠. 어느 쪽에도 치우치지 않으려는 태도는 분명 성숙한 선택입니다.

하지만 가끔은 이 균형이 '계산'으로만 기울 때가 있어요. 데이트 비용은 반드시 반반, 집안일은 정확히 나누기, 감정도 기브 앤 테이크 등등 '하면 좋다'를 넘어서 '해야 한다'로 고착될 때 우리는 비장해지고 관계는 경직됩니다. 사랑은 때때로 손해처럼 보이는 감정을 자처하는 일이에요.

심리학자 칼 로저스는 인간이 '비소유적 따뜻함'을 기대한다고 말했어요. 즉, 아무 대가 없이 나누는 다정함, 조건 없는 환대 등이죠. 저는 그것이 진짜 사랑이라고 믿습니다. 비소유적 따뜻함이란 빈 접시를 진심 어린 감사로 돌려받는 것만으로도 충분한 마음입니다.

내가 누군가에게 사랑을 건넬 때 사실 그 안에는 내가 나에게 주는 자기애가 숨어 있습니다.

'나는 괜찮은 사람이야.' '나는 사랑을 줄 줄 아는 사람이야.'

사랑을 주지만, 결국 내가 나를 인정해 주는 사랑으로 나는 다시 채워지는 것입니다.

엄마가 제 인생의 뮤즈이면서도 현실살이의 지침이 되신 분이라면, 아빠는 꿈꾸는 것을 시도하고 거침없이 선택하라는 격려를 해 주셨어요. 두 분은 많이 다르셨죠. 아빠는 일상의 즐거움을 어떤 상황에서도 누리며 사는 이벤트가이셨어요. 저는 중학생 때까지 산타클로스가 있다고 믿었는데, 아빠가 디테일하게 그런 믿음으로 안내하셨기 때문입니다. 산타할아버지의 눈이 안 좋으니 큰 달력 뒤에다가 원하는 선물을 크게 적어 놔야 한다고 하고, 그 종이를 문 앞에 떡하니 붙여 놓으셨어요. 산타할아버지가 지나가는 길목에 작은 나뭇가지를 세워 놓고, 산타가 진짜 지나가면 이 나뭇가지가 부러져 있을 거라며 우리만의 작은 사인을 만들어 놓기도 했죠. 크리스마스이브에 산타를 만나고 싶어서 뜬눈으로 버티다 깜박 잠들고 눈 뜨면, 여지없이 나뭇가지는 부러져 있고 문 앞에는 선물이 놓여 있었습니다.

아버지는 이벤트도 잘하셨지만, 사랑받는 것도 참 잘하는 분이었습니다. 자녀인 저희가 뭔가를 해드리면 사양하지 않고 기쁘게 잘 받아 주셨어요. 필요한 건 적극 요구하기도 하셨고요.

'주는 사랑이 꽃피려면 준 대로 돌려주는 것이 아니라, 주는 사람의 마음을 기쁘게 먹어 주면 되는구나.'

사랑을 받을 때 그 마음을 잘 받아주면, 그것으로 충분한 기쁨이 된다는 것을 아버지에게 배웠습니다.

관계에서 이루어지는 많은 것은 무 자르듯 딱 나눠지지 않습니다. 그럴 땐 내가 손해 보는 쪽을 자처해 보는 건 어떨까요? 비용을 더 내든, 시간을 더 내든, 상대에게 더 가까운 곳에 가든 말이죠. 그건 기회비용으로 보면 나를 위한 일이기도 해요. 이 관계의 주도권을 내가 쥐게 되는 것일 수 있습니다. 관계는 더 넉넉한 사람이 품게 되거든요. 좋은 사랑은 공평하게 나눈 끝에 얻는 게 아니라, 기꺼이 어긋난 것을 품어 주는 선택에서 시작됩니다.

만약 상대가 나의 그러한 수고와 씀씀이를 당연하게 생각하거나, 이후 이전만큼 왜 안 해주냐며 따진다면요? 그러면 우리 관계의 깊이에 대해 알게 되겠죠. 슬프지만 우리 관계의 기록이 오래지 않을 수 있다는 정보를 얻게 될 수 있습니다.

상대가 나의 수고와 씀씀이를 몰라줄 땐 내가 그것을 알아달라고 요청할 수 있어야 하고, 그렇게 요청했음에도 알아주지 않는다면 아마도 당신의 좋은 마음이 오래 유지되기는 어려울 거예요. 관계는 보이는 것과 보이지 않는 것을 모두 잘 주고받아야 이어질 수 있으니까요.

당신이 먼저 성숙했고 주는 기쁨을 알아차린 사람이라면, 아마 상대는 조금 더 많은 인연을 만나고 성숙한 뒤에 당신을 떠올릴 거예요. 그때 당신의 모습이 얼마나 성숙했고 얼마나 좋은 에너지를 가진 사람이었는지 아쉬워하겠죠. 하지만 그 사람은 당신이라는 좋은 사람을 놓친 뒤입니다. 사랑받은 사람이 이득인 줄 알았는데, 손해인 것이죠.

주는 사랑이 기쁨이 아니라 뭔가 점점 더 불편해진다면 멈추어도 됩니다. 자신을 아프게 하면서까지 주는 것은 그야말로 손해니까요. 여기서 이상하고 나쁜 사람을 다 품으라는 말은 아닙니다. 우리는 보편적인 사랑에 관해 이야기하고 있어요.

 사랑의 주도권도 오해하면 안 돼요. 주는 사랑을 오해하면 고기쌈을 무조건 크게 싸서 상대의 입에 욱여넣는 것처럼 됩니다. 여기서 주도권은 당신이 상대방을 관찰하고 더 이해해 주어서 나오는 것들입니다. 당신의 방식대로 더 주는 것이 아니에요.
 제가 남편과 연애할 때 저는 벌이가 시원치 않은 프리랜서였어요. 남편은 저보다 더 안정된 월급을 받고 있었죠. 우리의 씀씀이는 달랐습니다. 그래도 그때 그는 매사에 조심해 주었어요. 사랑하는 사람이 밥을 사주면 저도 사주고 싶잖아요. 선물 받으면 선물해 주고 싶고요. 그가 자기 눈높이에 맞는 방식으로 저에게 주었다면, 저는 제가 줄 수 있는 품이 작다는 것에 좀 눌렸을 것 같아요. 이건 사람마다 다르지만, 저는 자존심이 세서 저의 위축된 모습을 보이고 싶지 않아 더 그랬습니다. 그걸 남편은 눈치채 준 것이죠.
 만약 그 사람이 저에게 충전이 가득 된 스타벅스 카드를 주며 "너 커피 좋아하니까 마셔"라고 했으면 저는 길길이 뛰었을 사람입니다. 그는 제 눈높이에 맞게 딱 500원짜리 두 개를 제 곁

옷 주머니에 손을 잡는 척하며 넣어 주었어요. 그때 제가 좋아하는 과자가 한 봉지에 1000원이었거든요. 일하고 나와서 당 떨어질 때 소소하게 배 채우는, 딱 그 과자 한 봉지의 값이 외투 주머니에 손을 넣을 때마다 있었어요.

제가 남편의 사랑을 생각하면 '잘 먹었다'라고 연상되는 이유일지도 모르겠습니다. 그가 옆에 없을 때도 호주머니에서 잡히는 500원으로 제 일상이 가득 차는 기분을 느꼈거든요.

어떤 사랑은 내가 앞서가서 상대를 이끌어줘야 할 때가 있어요. 어떤 사랑은 내가 반 발자국 뒤에 서서 상대가 먼저 경험하고 발견하게 해줘야 할 때가 있고요. 그걸 알아차리는 사람이 사랑의 여유가 있는 것이라고 봅니다. 어떻게 리드할지, 어떤 모양으로 사랑해 줄지 자신과 상대를 넉넉하게 보고 있는 것이죠.

그렇게 사랑하다가 헤어지면 손해냐고요? 아니요. 당신은 좋은 마음을 흘려보냈고, 그 과정에서 행복했고, 혹여 건드려지거나 불편해지는 마음을 통해서 자신이 어떤 부분을 중요하게 생각하고 바라는지, 내가 사람을 볼 때 어떤 부분을 자주 놓치는지 등 중요한 정보를 얻었습니다. 그래서 사랑의 기회비용을 따진다면, 저는 사랑에 주도권을 쥔 사람이 더 승자라고 생각해요. 어떤 교과서에서도 배울 수 없고, 어떤 강의에서도 들을 수 없었던 나에 대한 관찰, 감정의 기복, 그리고 사람에 대한 존중을 훈련한 것이죠.

지금 당신의 곁에 누군가가 있다면, 상대가 준 사랑을 '새삼' 감사하다고 표현해 주길 바랍니다. 그때 그 일, 그때 그 마음을 구체적으로 이야기해 주면 더 좋아요. 그리고 당신이 사랑의 주도권을 쥐길 바라요. 더 많이 관찰하고 더 많이 이해해서 존중의 마음으로 상대의 속도에 맞춰 사랑해 주세요. 그렇게 서로에게 감사해하고 더 주는 사랑으로 오래 함께할 인연을 만들어 가길 바랍니다.

CHAPTER 2

사랑에 비친 나는 어떤 모양인가요?

: 나에게 다정한 시간

관계 속에서 비로소 보이는 나

 즐겁고 기쁘기만 하면 좋을 텐데, 관계 안에서는 어느 순간부터 예민해지는 마음이 찾아옵니다. 콕 집어 뭔가 잘못한 건 아닌데도 괜히 지적하고 싶고, 불편하거나 불안해지는 그런 마음이요. 서로 날카로워지는 순간을 잘 캐치해서 부드럽게 풀어내면 좋지만, 아프고 깊은 주제일수록 말로 꺼내기 어려워집니다.
 눈치 있는 사람이라면 상대의 그런 마음을 감지하고, 조심스레 주제를 넘기거나 "괜찮아, 지금 말하지 않아도 돼"라고 무심한 듯 따뜻한 마음을 전할 수 있을 거예요. 상대는 차마 꺼내기 어려웠던 마음을 들킨 것 같으면서도 존중받은 듯해 위로가 될 것입니다. 말보다 마음이 먼저 건네지는 순간이죠.
 하지만 자기 마음을 관리하고, 동시에 상대의 감정까지도 알아채고 잘 품어주는 사람은 많지 않아요. 불편한 감정이 들 때 대부분 나를 보호하려는 방어로 가기 쉽습니다. 그러면 관계는 어느샌가 거리감을 만들어냅니다. 이건 애정의 문제가 아니라, 마음을 다루는 기술의 문제입니다.

관계를 오래 지킨 사람은 감정을 오래 들여다본 사람이라고 할 수 있습니다. 상대에게 실망스러운 마음이 들 때 사실은 나를 몰라 줘서 서운한 것인 경우가 많아요. 그럴 때 필요한 건 상대에 대한 비난이 아니라, 내 마음의 결핍을 마주할 용기입니다. 왜 이렇게 불안한지, 이 시간이 왜 상처처럼 느껴지는지 조용히 바라보면 그 안에는 내가 외면했던 오래된 외로움이 숨어 있습니다.

관계가 오래될수록 대화가 줄어들기도 합니다. 하지만 침묵은 마음을 전달하지 않아요. 익숙한 관계일수록 마음을 들여다보려고 노력하지 않으면 더 외롭게 느껴집니다.

그런데 상대의 마음을 살피기 전에 내 감정을 내가 먼저 알아채고 다독이는 시간이 필요합니다. 내가 먼저 나를 안아 줘야 해요. 우리는 행복하기 위해 사랑하지만, 진짜 사랑하는 시간을 가지려면 누군가를 통해서가 아니라 내가 나를 다정하게 바라보고 마주하는 시간에서 출발해야 합니다. 그래서 우리는 나에게 다정해지는 연습이 필요해요.

결핍의 모양은 다양합니다. 과하게 지적당해서 부끄러웠던 경험, 나를 무시하는 듯 거슬렸던 누군가의 태도, 붙잡고 싶었지만 떠나간 인연으로부터 생긴 불안, 아무리 주어도 계속해서 애정을 확인받고 싶어 했던 상대의 결핍, 부족하다고 여겨지는 환경 또는 여건, 내가 나를 바라보는 차가운 시선 등.

저는 결혼 후 1년여간 계속해서 같은 악몽을 꾸었습니다. 어떤 사고가 나서 한순간에 남편이 사라지는 꿈이었어요. 남편의 출근지가 신혼집에서부터 거리가 좀 있었는데, 저는 남편이 출근한 후 잘 도착했다는 문자가 오기 전까지 별일이 없는 걸까 불안해했죠. 꿈이 먼저인지, 사고가 날까 불안해한 것이 먼저인지는 모르겠네요.

그러다 어느 날, 출근하는 그를 보내는 게 왜 불안한지, 그러한 꿈을 계속 꾸게 하는 제 머릿속이 궁금했어요. 1년여 동안 생각이 흘러나오는 대로 불안해하다가, 어느 순간 그 생각을 딱 잡아보았습니다. '내가 불안하구나' 하고 알아차리는 것이죠.

처음에는 그 불안이 어디서 시작되었는지 몰랐어요. 과거에 어떤 사고를 경험했거나 가까운 사람이 사고를 당한 경험이 있었나 살폈는데, 딱히 기억나는 것이 없었습니다. 남편이 운전을 위험하게 하거나 직업 현장이 사고가 날 수 있는 환경도 아니었습니다. 그런데 생각의 꼬리를 물고 올라가 보니 답이 보였습니다.

상대에게서 온 불안은 아니었습니다. 남편은 일관되게 신뢰를 보여 준 사람이었거든요. 제 불안은 행복이 깨질까 봐 스스로 만든 감옥이었더라고요. 정확하게는 '이렇게 행복해도 되나, 이렇게 사랑받아도 되나'에 대한 불안이었어요. 저는 행복이 오래 머무르면 깨질까 봐, 스스로 불안을 꺼내 들고 지켜 세웠어요.

나에게 집중해 보니 20대 시절의 결핍되어 있던 시간이 기억났어요. 조금 더 적나라하게 말하자면, 사랑받는 내가 어색했던 나의 흔적들이었습니다. 더 거슬러 올라가 보니 '나는 행복할 자격이 없나 보다'라고 여겼던 10대 시절이 있었고요. 평온한 일상이 오히려 불안하게 느껴졌던 건, 지금의 현실이 아니라 사랑에 익숙하지 않았던 과거의 경험과 생각의 흔적들 때문이었습니다.

어릴 적 저는 뚱뚱했어요. 고도비만이라고 할 만큼이었습니다. 그런 저의 겉모습은 누군가에게는 따돌릴 이유가 되었나 봐요. 말로 다 할 수 없는 외로움과 눈치 속에서 자존감은 조금씩 갈라졌습니다. 상처받은 마음은 눅눅한 빨래처럼 툭 건드리면 다시 냄새를 풍겨요. 그렇게 쌓인 불안은 진심을 나누기 망설이게 만듭니다. 새로운 관계의 시작을 주저하게 돼요.

제가 만났던 한 사람은 저를 많이 예뻐해 주기는 했는데, 친구들을 만나면 "예쁘지?"라고만 저를 소개했어요. 저를 표현할 내용이 그렇게도 없을까 싶을 정도로요. 어릴 적 살이 쪄서 상처받았던 경험을 묘하게 건드렸습니다. 역시나 외모로만 평가를 당하는 기분이었죠. 그는 둘이 함께하는 시간보다 친구들 모임에 가는 경우가 많았고, 둘이 있을 때도 진지한 대화를 귀찮아했어요. 게임만 하는 그를 보면 점점 더 목마른 느낌이 들었습니다. 결국 멀어진 마음을 좁히지 못하고 헤어졌습니다.

이런저런 경험으로 저는 더는 다치고 싶지 않았고, 불안하고 싶지 않은 마음에 만나야 할 사람의 기준을 매우 융통성 없고 방어적으로 세워갔어요. 성숙한 사람을 만나야 한다고 생각해서 나이 차이가 많이 나야 한다거나, 진지한 대화를 나눌 수 있으려면 어떤 분야의 사람을 만나야 한다거나, 나를 환대해 줄 부모님을 둔 사람을 만나자는 등의 기준을 세웠습니다. 내 마음을 먼저 다루어야 했는데, 내 불안을 느낄 상황을 회피하거나 방어적인 태도를 가지려고 했습니다.

제 불안을 제대로 소화시키기 전에 지금의 남편을 만났습니다. '도와줄까요?' 하고 먼저 다가온 그에게 쉽게 마음을 열지 못했지만, 서로의 집이 가까워서 출퇴근을 같이하면서 점차 스며들었습니다. 그의 잔잔한 모습이 좋았습니다. 오랜 시간을 만나면서도 그는 저의 위축된 부분에 대해 따져 묻지 않았어요. 그보다는 제가 하고 싶은 공부나 비전을 묻고 그 분야를 궁금해하고 구체적인 방향을 함께 고민해 주었습니다. 공감하면서 나눌 수 있는 공통의 관심사도 많았습니다.

그는 나이 차이가 나지 않았지만 성숙했고, 그의 부모님이 저를 환대해 주지는 않았지만 적어도 그것 때문에 자신이 흔들리는 사람은 아니었습니다. 제가 세워 놓은 기준에 꼭 맞아야 한다고 고집을 부렸다면 이 사람을 놓쳤겠죠. 하지만 다행히 저는 그 기준을 내려놓고 그를 새롭게 보았습니다. 근본적으로 저는 저라는 사람 자체로 인정받고 싶고, 계산하지 않고 주는 진짜 사랑을 받고 싶었는데 그 결핍을 채워 줄 사람이었습니다.

정작 그런 사람을 만나니 과분하다고 여겨졌나 봐요. 오랜 시간 여러 환경으로 힘들었고, 그런 힘든 나를 당연한 모습이라고 위로하면서 버텨 왔으니까요. 이 행복이 날아갈까 봐 불안했던 것입니다. 사랑받을 자격이 없다는 나 자신을 향한 시선, 사랑하는 사람을 꼭 붙들고 있어야 한다는 애착의 그림자가 겹쳐 있었습니다.

건드리고 싶지 않은 저의 지난 시간들, 어찌 보면 외면했던 상처들을 직면한 이후로 거짓말처럼 악몽을 꾸지 않았습니다. 남편이 출근해도 이전처럼 불안하지 않았어요. 그때부터 다시 회복한 것이 나를 내가 믿어 주는 자존감과 나와의 관계였습니다.

사랑을 오래 지켜낸 사람은, 두려움과 화해한 사람입니다. 저는 그렇게 뒤늦게나마 저와의 화해와 발견을 시작했습니다.

"나는 나로 괜찮은 사람이다."
"휘청거렸던 시간이 있지만 나는 다시 회복할 힘이 있다."
"나를 미워한 누군가가 있지만 나를 사랑한 누군가도 있다."
"나는 아무것도 할 수 없는 존재로 태어났지만, 누군가의 희생과 돌봄으로 살아냈다. 나는 누군가의 사랑을 받았던 존재이고, 그래서 내 안에는 나와 타인을 사랑할 힘이 있다."

당신에게도 혹시 저와 비슷한 시선이 있을까요? 어떤 상처는 결코 회복될 것 같지 않나요? 사실 누군가를 통해 자기 상처를 치유하겠다는 것은 욕심일지도 몰라요. 그리고 잘 살펴보면, 그 사람을 통해서 치유 받는 게 아닐지도 모르죠. 그저 친밀한 관계 속에서 나의 취약점이 건드려지기 쉬울 뿐 그 지점을 발견하는 것은 내 몫이고, 이전의 기억과 맥락을 이해해야 하는 것도 내 몫이에요.

오랜 시간 외로움에 익숙해져 그냥 그대로 살게 둔 것은 아닌지 시간을 내어 진지하게 생각해 보고 나를 만나 줘야 해요. 사회적으로 긴장하며 살아가는 나에게서는 그 모습이 드러나기 어렵습니다. 잘 포장되어 있거든요.

만약 당신이 자신에 대해 알고자 하는 시간을 보내면 좀 더 여유 있는 마음을 가질 수 있어요. 조금 더 자세히 말하면, 덜 불안하고 덜 힘든 밤을 보낼 수 있습니다. 어떤 새로운 인연을 시작할 때마다 발목 잡던 의심을 밀어낼 수 있어요. 좋은 사람을 더 잘 받아들이고 좋은 인연을 놓치지 않을 수 있습니다. 사랑하는 사람에게 상처를 덜 줄 수 있어요. 물론 나 자신을 안다고 해도 완벽한 나는 될 수 없겠죠. 그래도 한 걸음만 더 나아져도, 당신은 훨씬 가벼워질 것입니다.

이후부터 나 자신을 읽고 발견하는 방법과 과정에 대해 이야기를 나눠 보려고 합니다. 당신의 불안이 건드려질 수 있고, 그것이 나임을 인정하기가 불편할 수 있지만, 힘들면 지금은 흘려보내도 됩니다. 산책하다가, 영화를 보다가, 책을 읽다가 문득 다시 그 부분이 떠오르면 다시 한번 고개를 끄덕이며 나도 그랬나, 되새기면 그뿐입니다.

누군가 나를 안아주는 순간에도, 내가 나를 껴안지 않으면 사랑은 늘 반쪽이에요. 내 마음의 사용설명서를 천천히 펴보며, 나도 나에게 익숙해지는 시간을 가져 봅시다. 나 자신에게서 도망치듯 살아왔다면, 이제는 걸음마다 내 편이 되어 보기로 다짐해 보세요. 그 시선은 내가 더 좋은 사람을 알아보고, 더 건강한 사랑을 지켜낼 힘이 될 거예요.

이제부터 나를 읽어 보는 느린 시간 속으로 가 보겠습니다.

내 마음의 설명서를
천천히 써 보는 시간

 사람은 고쳐 쓰는 물건이 아니지만, 알아가는 책은 될 수 있어요. '나'라는 책은 이미 쓰인 부분이 있지만 수정되는 부분도 있고, 앞으로 써나갈 빈칸도 많습니다. 그 빈칸을 채우는 힌트를 이미 쓰인 부분에서 찾을 수도 있죠. 완전히 새로운 경험을 하거나 사람을 만나면서 2막, 3막이 열리기도 하고요.

 상대에 대해 많은 정보를 알고 만남을 시작하면 더 잘 맞을까요? 아니요. 사실 모든 정보를 다 알 수 없고, 그럴 필요도 없어요. 100% 잘 맞는 사람은 없습니다. 내 요구에 다 들어맞는 사람은 없고, 꼭 그래야 할 이유도 없죠.

 관계는 서로의 조건이 완벽하게 맞아서가 아니라, 서로의 다름을 어떻게 바라보고 받아들이느냐에 따라 지속됩니다. 서로의 다름은 틈이 아니라 채워질 가능성이에요. 서로의 다름을 어떻게 바라보고 소화할지는 챕터 4에서 자세히 다루어 볼게요.

관계를 시작하기 전에 먼저 알면 좋은 정보도 있습니다. 연애할 때 자신이 감당하기 어려운 상대방의 어떤 정보를 뒤늦게 접하고, 이 관계를 유지할지 멀리할지 고민하게 되는 경우가 있어요. 상대방의 모든 정보를 다 알기는 어렵지만, 적어도 자신의 가치관이나 삶의 방향과 관련된 정보라면 확인하고 시작할 필요도 있습니다. 삶의 방식과 속도는 조금씩 맞춰갈 수 있지만, 삶의 방향은 저마다 미묘하게 달라서 수정하기가 어려울 수 있어요.

상대방에게 중요한 정보를 받으려면 나에 대한 중요한 정보를 먼저 인지해야 합니다. 나는 어떤 사람인지, 어떤 가치를 중요하게 생각하는지, 어떤 마음으로 세상을 살아가는지, 어느 순간 유독 마음이 어려워지는지, 내 일상의 패턴과 내 생각의 패턴은 어떠한지 등등 나 자신을 먼저 관찰해야 해요. 나를 모르면서 상대의 정보만 잔뜩 받으면, 나중에야 서로의 다름으로 힘든 시간을 보내게 될 수 있거든요.

나아가 나에게 조금 다정한 시선을 주어도 됩니다. 버려진 강아지나 고양이를 보고 가슴 아파하면서 자기 마음속에 축 처져 있는 나 자신은 왜 자꾸 외면하려고 하는지, 타인에게는 그렇게 잘 참아주면서 내 실수에는 어쩌면 그리도 야박하게 혼내는지 모르겠어요. 물론 그러한 자책이 당신을 성장하게도 하지만, 타인과의 관계가 그렇듯 나 자신과도 가끔은 싸워도 대부분은 친절해야 합니다. 나에게 따뜻한 한마디를 건네는 연습을 하면 관계의 온도가 바뀝니다. 결국 내가 나를 어떻게 대하느냐가 관계에 큰 영향을 미치게 되죠.

저는 여기서 나를 이해하고 나에게 다정한 시간을 줄 수 있는 여러 가지 방법을 안내하려고 합니다. 그중 하나가 자기소개예요.

지원서도 쓰고 자기소개서도 쓸 텐데요. 그때 우리는 상대방에게 매력적으로 보일 수 있는 부분을 부각하여 표현합니다. 그런데 사회적으로 포장되는 당신 말고, 가까운 사람에게 당신은 뭐라고 읽히고 어떻게 설명되어야 만족할 것 같은가요? 자기 자신에게 말하는 자기 설명을 떠올리면서 〈나 사용설명서〉를 만들어 가 보아요.

누군가에게 "넌 참 똑똑해" "너는 대담하구나"라는 말을 듣고 싶은 나를 발견하는 것도 중요하지만, 상대방이 "너 우유부단하네?"라고 말할 때 "나는 고민하는 것이 많아서 신중한 거야"라고 정정할 수 있다면, 이미 당신은 당신의 편입니다. 나를 잘 알면 쉽게 흔들리지 않아요.

나는 나의 역사를 알고 있고, 현재 내 상태도 가장 잘 아는 존재입니다. 그런 나를 객관적으로 바라보면서 한편으로는 다정하게 그런 나를 나 자신에게 설명할 수 있어야 합니다. 그래야 누군가를 만날 때도 나를 잘 이해시킬 수 있어요.

"나는 이런 부분이 오랫동안 준비되고 훈련되어 온 사람이야. 고통과 상처가 있지만 그로 인해 성장했기 때문에 그 경험이 나의 자산이 되었어."

"나는 객관적으로 이런 부분이 부족해. 그게 때로는 너를 아프게 할 수 있지만, 나는 계속 노력할 거야. 그런 모습이 너에 대한 진심이 아니라, 나의 부정적 습관이라는 것을 이해해 줘."

자신의 상태를 냉정하게 판단하되 그것을 다루는 방식은 다정한 것, 계속해서 노력하는 자신을 격려하는 것, 결국 이것이 자존감을 다듬어 갑니다. 자신의 부족함을 인정하고 그것을 연습하고 고치려는 마음을 설명할 줄 안다면 건강한 자존감을 가진 거예요. 자존감은 잘난 내가 아니라, 나를 이해하고 다룰 줄 아는 내가 만들어가는 과정 그 자체라고 할 수 있습니다.

우리는 종종 스스로를 '외향적이다' '내향적이다'처럼 단순하게 정의하지만, 경험과 시간은 나를 끊임없이 변화시켜요. 20대 초반의 나와 중반의 나, 후반의 나는 달라요. 30대가 되어도 그렇습니다. 경험 하나하나가 쌓일 때마다 나는 조금씩 변하는데, 언제까지 나를 '외향인' '에너지가 많은 사람'이라고 동일하게 말하기는 어렵죠. 자신의 변화를 관찰하고 수용할 수 있는 시간을 가지고 알아채 주세요.

"난 20대 때 엄청 외향적이었는데, 요즘은 기운이 없어."

변화를 말하라고 하면 이렇게 자신의 상태를 평가하듯 말하기도 하는데, 현재의 나에게 조금 더 다정하다면 해석을 달리할 수 있습니다.

"난 지금 안정감이 생긴 것 같아. 밖으로 나가 뭔가를 펼치기보다 내 것으로 수렴하는 것을 좀 더 선호해."

우리가 발견하고 만들어가야 하는 〈나 사용설명서〉는 자신에 대한 관심에서 시작해야 합니다. 아울러 매일 달라지는 자신의 변화를 인정할 수 있어야 하고요.

나는 나를 한 문장으로 어떻게 설명할 수 있을지 생각해 보세요. 지금의 나는 과거의 내가 아니고, 내일의 나는 오늘과 다를 수 있습니다. 변화를 받아들이는 태도는 내가 나를 이해하는 중요한 방법입니다. 어떤 이별이나 성취의 경험, 한 권의 책, 누군가의 말 한마디로 내 생각과 감정은 달라질 수 있어요.

그러니 자주 물어보세요. 오늘의 나는 안녕했는지, 오늘의 나는 무엇을 느꼈는지를요. 사랑하는 사람이 생기면 일과가 다 궁금하잖아요. 뭐 했는지, 힘든 일은 없었는지, 점심은 뭘 먹었는지 소소하게 안부를 묻듯이 내 마음에 자주 안부를 물으세요. 오늘 내 마음의 안부를 묻는 사람이 세상에 단 한 명이라면, 그건 바로 나여야 합니다.

나에 대한 이해를 심리학에서는 '자기표상'이라고 부릅니다. 내가 어떻게 나를 인식하고 있느냐가 관계를 만들어가는 중요한 출발점이 되죠. 자기이해는 사랑의 전제조건입니다. 나를 모르면, 사랑도 헷갈려져요. 관계 속 모호함은 불안을 낳고, 불안은 오해를 키웁니다. 그래서 "내 마음을 맞춰 봐"라고 하기보다, "내 마음은 이래"라고 말해줄 수 있어야 합니다. 〈나 사용설명서〉는 이런 모호함을 걷어내는 지침서입니다. 나에게는 만족감을, 상대에게는 이해의 단서를 주는 마법 같은 안내서죠.

주의사항도 있습니다. 나를 상대방에게 설명해 줄 수 있으나, 실행의 권한은 상대방에게 있다는 것입니다. 강요나 법칙이나 법이 아니라 '설명서'니까요.

라면 끓일 때 설명서를 잘 읽는 편인가요? 아니면 해왔던 방식대로 어떤 라면이든 뚝딱 끓이는 편인가요? 라면을 개발하는 사람은 가장 맛있게 라면 끓이는 방법을 설명서에 담아 놨기 때문에 그대로 지켜주면 뿌듯하다고 해요. 맛있게 끓이는 설명서가 있는데도 이것저것 추가하며 자기 마음대로 끓이고는 맛없다고 할 때 속상하대요.

라면 설명서도 잘 안 보는데, 〈나 사용설명서〉를 말해 준다고 상대방이 완벽하게 이해해서 지켜줄 것을 기대하면 욕심 아닐까요? 사용설명서는 그대로 해주면 가치가 높아지지만, 이 사람이 자기 방식대로 이상한 걸 때려 넣어서 끓이고 싶다고 하면 그것도 존중해야 하는 거예요.

대신 사용설명서를 잘 지켜줄 때 그에 대한 고마움, 뿌듯함, 그대로 따라주었을 때 나의 만족감을 잘 표현하면 그 값어치를 느끼고 더 잘 읽어나가려는 마음이 생기겠죠.

"내가 말했잖아, 나는 이렇다고!"

이렇게 따지고 들 바에는 설명서가 없는 것이 나아요. 〈나 사용설명서〉가 족쇄가 되거나 서로를 통제하는 수단이 되지 않았으면 좋겠어요.

나를 설명할 용기와 그 설명을 강요하지 않는 여유 사이에서 친밀함이 자라요. 〈나 사용설명서〉는 모호함을 줄여서 서로에게 다가가는 거리를 좁힐 지름길을 안내하는 도구면 좋겠어요.

그러기 위해서 나도 나에게 다정하게 다가가 봅시다. 나를 설명하는 정의를 만들고 자주 업데이트할 것, 그렇게 정의한 나를 내가 먼저 인정하고 세워 줄 것, 상대방에게 그런 나를 소개하되 강요하지 말 것.

이제 구체적으로 나를 발견하는 질문들을 생각해 봅시다.

이것만은 꼭!
나를 지키는 가치관 세 가지
: 나 사용설명서 1

보편적으로 좋은 사람이고 나와 비슷하다고 생각해 잘 지내다가도, '우리가 이렇게 다를 수 있구나' 하는 순간이 찾아올 때가 있습니다. 그것이 서로의 다름을 존중하는 차원이 아니라, 내 안에 오래도록 새겨진 중요한 '무엇'을 건드리는 지점일 때 흔들림은 더 커집니다. 바로 가치관이라는 단단한 나침반이 흔들릴 때입니다.

가치관은 쉽게 바꾸거나 타협할 수 없는 마음의 깊은 줄기와 같아요. 나는 인생을 살면서 어떤 부분을 가장 중요하게 생각하며 사나요? 막연한 질문처럼 느껴진다면 반대로 떠올려 보세요. '이런 모습은 꼭 함께였으면' 혹은 '이런 태도는 함께하기 어렵겠다' 싶은 것이 있나요?

예를 들어 다음과 같은 항목들이 있을 수 있어요.

나는 인생에서 무엇을 중요하게 생각하는가?
사랑하는 사람에게 바라는 꼭 해야 하는 것,
또는 꼭 하지 말아야 하는 것 세 가지를 꼽는다면?
　예: • 종교, 정치 성향
　　　• 커리어, 경제력, 학벌
　　　• 가정 환경, 애정의 표현 방식
　　　• 결혼, 자녀 계획
　　　• 원가족과의 관계
　　　• 소비 습관, 취미생활, 식생활
　　　• 흡연이나 음주 여부
　　　• 반려동물, 봉사, 생태 감수성

이 중 무엇이 나에게 '무조건 되어야 하는 것'이고 '절대 받아들일 수 없는 것'인지 살펴보면, 당신 안에 가장 단단히 뿌리내린 가치가 선명해질 것입니다.
예컨대 저는 '가족은 무조건 감싸야 한다'는 믿음을 가지고 살아왔어요. 사랑하는 사람에게도 제 가족을 향한 존중이 있었으면 했죠. 그건 가족에 대한 맹목적 충성심이라기보다, 제가 지켜야 할 경계와 책임의 영역이었어요.

가치관은 나에게 아주 중요한 일이라고 하는 것, 또는 절대 받아들이기 어려운 것입니다. 자기에게 중요한 가치인데 상대방은 아예 관심이 없거나 평가절하하면, 단순히 서운함을 넘어서 관계를 의심할 수 있어요. 나에게 중요한 부분인데 그게 뭐가 중요하냐고 짚기 시작하면 대화가 어렵겠죠. 그건 오랜 시간 새겨져 온 내 모습이라, 나를 거절하는 것처럼 느껴지거든요.

제가 남편과 결혼하기로 마음먹은 몇 가지 순간이 있는데요. 그중 하나는 돈의 씀씀이, 구체적으로 말하면 후원에 대한 부분이에요. 남편이 남자친구이던 시절에 그가 문제집 작업으로 아르바이트를 해 목돈이 생겼어요. 몇백만 원이 되는 금액이었습니다. 그 사람은 이 돈을 "우리 돈"이라면서 무엇을 하는 데 쓸까 함께 고민하자고 했습니다.

그렇게 행복한 고민을 하던 때, 저희가 함께 지방으로 봉사를 가게 되었는데 그곳에 있는 시골 교회의 자동차가 정말 낡다 못해 위험해 보일 지경이었어요. 제 눈에 그게 너무 가슴 아프게 와닿았는데, 마침 그때 "우리 돈"이라는 이야기를 들으니 마음이 동했습니다. 그래도 제 돈이 아니니 그가 일해서 번 돈을 거기에 쓰자고 제안할 수는 없었어요. 제 마음의 바람일 뿐이었죠. 그런데 그도 조심스레 그 이야기를 꺼내더라고요. 이 돈을 모두 드리긴 어렵지만, 일부라도 드리고 싶은데 어떻게 생각하는지 저에게 의견을 물었습니다.

사실 이런 부분은 나에게 중요해도 상대방에게 요구하기 어렵고, 또한 상대방이 이 부분을 어떻게 생각하는지 알아채기도 어려워요.

"왜 착한 척이야. 나한테나 잘 써."

만약 내가 사랑하는 사람이 후원처럼 물질이나 마음을 흘려보내고 싶은 나의 따뜻한 마음을 이런 식으로 깎아내린다면, 게다가 나에게 그 일이 중요하고 소중한데 그 마음을 존중하지 않으면 나는 어떤 마음이 들까요? 그다지 가까운 사람이 아니면 이 일에 어떤 시선을 가지든 상관없어요. 내가 좋아서 하는 일이니까요. 하지만 가까운 사람에게는 자신의 행동을 인정받고 싶잖아요.

상대방도 당신이 가까운 사람이라서 자신의 본심을 내뱉게 될 거예요. 남이면 돈을 어떻게 쓰든 상관없는데, 가까운 사람이 쓸데없는 소비를 하고 있다고 생각하는 것이죠. 이건 맞고 틀리고의 문제가 아니라 가치관의 문제여서 서로 상처로만 끝날 수 있어요. 특히나 결혼 후에는 각자의 소비가 '우리'의 소비가 되기 때문에 더 예민해질 수 있죠. 그래서 저는 이 부분이 중요했어요.

두 번째로는 그가 자신에게 주어진 돈을 계속 같이 계획하고 사용의 방향을 물어주는 것에서, 이 사람이 나와 오랜 시간을 함께하고 싶구나, 나를 신뢰하는구나 하는 마음이 보였어요. 우리에게는 모두 돈이 중요하지만, 그것을 모으고 쓰는 방향이 중요하다고 생각해요. 제가 사랑하는 사람을 믿어 주듯, 상대방도 저를 믿어 주는 것은 저에게 중요한 가치였기 때문에 그런 발견을 했을 때 그에 대한 확신이 생겼습니다.

가치를 논하는 일은 옳고 그름의 문제가 아니어서 어렵습니다. 상대방에게 주장하기 어려워요. 가치관이 부딪혀 중요한 가치를 공감받지 못하면, 외로운 마음이 자주 들 수 있죠. 가치관은 '너와 내가 얼마나 닮았는가'를 확인하는 것이 아니라, '다름에서도 존중할 수 있는가'를 확인하는 마음의 시험대입니다.

정치 성향이 다른 커플이 있을 수 있어요. 한쪽은 보수고 한쪽은 진보라면 서로 다른 의견을 주고받으면서 정치에 대한 더 넓은 시야를 가질 기회가 될 수 있습니다. 그런데 어떤 성향을 가지는 정도가 아니라 신념의 수준에 있다면, 사실상 자신의 생각이 절대적으로 맞다는 식으로 대화가 진행되면, 두 사람에게 무척 힘든 순간이 됩니다. 서로의 다름을 의견이 아니라 맞고 틀린 문제로 대하면 내가 잘못된 사람이 되니까요. 자기 자신을 부정당하는 것 같으면 우리는 본능적으로 거부 반응이 나옵니다. 감정이 격해지기도 하고 상대방에 대한 애정도 많이 줄어들 수 있죠. 그래서 누군가는 정치 성향을 중요한 가치로 꼽기도 합니다.

우리가 평상시에는 다 기본은 하지 않을까요. 저는 당신이 보편적인 양심, 인간에 대한 최소한의 존중 등을 가졌다고 생각합니다. 그런데 이성적인 나를 내려놓게 되는 때가 있어요. 자기의 중요한 무언가가 건드려질 때예요. 어떤 사람은 돈의 가치가 중요해서 관계를 포기하고서라도 아주 적은 금액도 손해 보지 않으려고 따져요. 어떤 사람은 일이 중요해서 만사를 제쳐두고 일을 우선순위로 삼는데, 어떤 사람은 반대로 가족이 중요해서 일을 내려놓기도 해요.

누군가는 경제력이나 학벌, 커리어가 가장 최우선 가치일 수 있어요. 어떤 사람은 종교나 정치 성향 등이 같아야 한다고 꼽기도 합니다. 결혼에 관한 생각, 아이를 갖는 문제도 중요할 수 있어요.

사랑하는 사람에게서 견딜 만한 부분이 아닌 것을 떠올리면, 그 지점에 나의 어떤 중요한 가치가 담겨 있는지 알아챌 수 있을 거예요. 자신에게 소중한 가치관을 발견했다면, 그 가치관을 잘 소개할 수 있도록 〈나 사용설명서〉에 한 문장을 추가해 보세요.

나는 이러한 면을 중요하게 생각하는 사람이다.
나는 나의 이러한 생각을 존중해 주는 사람을 만나고 싶다.

사랑을 느끼는 방식, 다섯 가지 언어
: 나 사용설명서 2

미국의 유명한 심리상담가인 게리 채프먼은 사랑에 다섯 가지 언어가 있다고 말했어요. 사람마다 사랑을 느끼는 지점이 다른데, 대표적으로 다섯 가지 유형으로 나누어 볼 수 있다는 것이죠. 다섯 가지 언어가 사랑을 확인하는 전부는 아니겠지만, 그래도 당신이 어떤 지점에서 조금 더 갈증을 느끼는지 확인하는 좋은 도구가 될 수 있어 소개합니다.

사랑의 다섯 가지 언어
: 인정하는 말, 함께하는 시간, 스킨십, 봉사, 선물

자신이 어떤 언어를 통해 사랑을 확인받는지 알면 사랑하는

사람에게 알려주세요. 나를 위해서도 그렇지만, 상대방에게도 도움이 됩니다. 관계에서 모호함을 걷어내기 위해 〈나 사용설명서〉를 작성하는 이유와 같습니다. 오랜 시간 분석해야 알아낼 수 있는 '나'라는 수수께끼같은 사람에 대한 정보를 일찍이 주고받으면 서로 애정을 확인하고 믿음을 확인할 시간을 단축시킬 수 있어요.

나는 어떤 말을 들을 때 행복하지?

첫 번째는 '인정하는 말'입니다. 어떤 말 한마디에 마음이 풀어지거나 벅차오른 경험이 있지 않나요? "역시 너야" "네가 있어서 든든해" 같은 말은 존재의 가치를 인정받는 순간입니다. 하지만 반대로 "네가 잘할 거라 믿어" 같은 기대의 말이 부담스럽다는 사람도 있어요. 감정 표현은 사람마다 온도가 다릅니다. 어떤 사람은 부드러운 말에 녹고, 어떤 사람은 무뚝뚝한 말 뒤의 숨은 진심에 감동합니다.

서로 원하는 언어의 톤과 내용도 다를 수 있어요. 다 갖추면 더할 나위 없이 좋겠죠. 하지만 다 갖출 수 없다면 내용이 차가

워도 부드럽게 전해주길 바랄 수 있고, 또 다소 차갑게 들려도 다정한 내용이면 괜찮다고 느낄 수도 있습니다. 쇼핑할 때 누군가는 가성비를 따지고, 누군가는 좋은 브랜드를 따지고, 누군가는 뭐든 원하는 기능이나 디자인을 찾으면 빨리 사고 나가자고 하듯요.

사랑하는 사람과 어떤 시간을 보낼 때 가장 마음이 편안해?

두 번째는 '함께하는 시간'입니다. 나에게 편안한 관계의 시간은 어떤 모습인지 떠올려 보세요. 함께하는 시간은 마음의 온도를 바꾸는 가장 조용한 마법입니다. 같은 공간에서의 온기가 주는 안정감, 특별한 여행보다 평범한 일상에서의 동행이 더 중요할 수 있습니다. 사랑하는 사람과 여행하면서 낯선 공간을 탐험하는 것이 소중하다고 꼽을 수 있어요. 사랑하는 사람과 조용히 도서관에 가서 각자 원하는 책을 읽고, 또 서로에게 권하고 싶은 책을 선물해서 나누면 행복하다고 말하기도 합니다.

이렇게 서로 원하는 '타이밍'과 '방식'이 다릅니다. 함께하는 시간의 '총량'이 중요한 사람도 있어요. 가끔 봐도 충분히 사랑을 느낄 수 있는 사람이 있는 반면에, 함께하는 시간이 부족하면 사랑도 부족하다고 느끼는 사람도 있습니다. 어떤 사람은 짧은 순간에도 온기를 느끼고, 어떤 사람은 긴 시간을 공유해야 믿음이 생기는 겁니다.

여행처럼 특별한 시간을 꼽을 수도 있지만, 일상에서 주어지는 시간을 중심으로 떠올려보면 좋을 것 같습니다.

어떤 스킨십을 받을 때 가장 설레거나 가장 행복하다고 느껴?

세 번째는 '스킨십'입니다. 머리를 쓰다듬어 주는 손길, 잠깐 스친 손등의 체온, 마주 기대는 어깨 등 사랑은 말보다 손끝에 먼저 도착하는 감정일지도 몰라요. 저는 사랑하는 사람이 머리를 쓰다듬어 주면 행복합니다. 드라마에 보면 남자 주인공이 여자 주인공을 예뻐 죽겠다는 듯 보면서 머리를 푸푸 해주는 거 있잖아요. 그런 순간을 워낙 좋아해서 남편에게 요구했는데, 머리에 기름이 나올 것 같은 강도로 쓰다듬어 당황했습니다. 드라마 주인공처럼 적당한 강도와 사랑스러워하는 표정까지 완벽하게 받을 수는 없지만, 저는 제 나름으로 애정을 확인받는 시간을 요구해서 채움받고 있죠.

　이런 모습은 아주 가까운 사람에게서나 보일 수 있는 저의 요구사항이에요. 회사 사람에게 이런 요구를 하는 사람은 없어요. 사실 부모나 형제에게도 잘 요구하지 않던 것이죠. 사랑하는 사람에게서 이런 요구를 하는 건 어찌 보면 퇴행이라고 할 만큼 아이같은 모습을 내보이는 것입니다. 긴장감 없이 다소 풀어진 나로, 어린아이와 같은 모습으로 위로받고 싶은 순간 같아요.

　누군가는 하루를 마치고 만났을 때 꼭 안아주는 시간을 가장 소중하게 떠올립니다. 누군가는 차가운 겨울바람에도 호주머니 속에서 느껴지던 상대의 따뜻한 손이 가장 좋았다고 느껴요. 텔레비전을 볼 때 꼭 옆자리에 앉아서 기대야 한다거나, 내 다리를 상대방에게 얹혀놓고 보길 원하기도 합니다. 연인마다 원하는 스킨십의 모양은 다른데, 자신이 어떤 모습을 가장 소중하게 느끼는지 떠올리고 사랑하는 사람에게 표현해 보세요.

　요구해서까지 받아야 하느냐고 물으면, 부담스러우면 안 해도 되죠. 아직 친밀함의 초기 단계일 수 있고, 스킨십이 어려운 사람도 있고요. 자신의 마음을 잘 알고 요구하는 과정도 우리만의 다정한 시간을 만드는 모양이고 의식이 될 수 있는데, 그 전에 뭔가를 요구하는 것부터 불편하다면 그건 당신이 만드는 사랑의 모양이니까 그럴 수 있어요. 그러면 그런 자기 속도를 이야기해 주면 됩니다. 당신만의 스텝을 안내할 수 있으면 돼요.

상대방이 나를 위해 어떤 행동을 해줄 때 행복하지?

네 번째는 '봉사'입니다. 원하는 일을, 기꺼이, 제때 해주는 것. 사랑의 봉사는 타이밍과 맥락이 핵심이에요. 원하지 않는 도움은 친절이 아니라 간섭이 되고, 엇갈린 호의는 서운함을 낳습니다. 사랑은 "내가 해줄게"가 아니라, "네가 원한다면 내가 할게"로 말해야 하는 언어입니다.

내가 할 일을 저 사람이 해 주어서 나의 노동력을 줄여주는 것을 봉사라고 하죠. 봉사의 포인트는 '원하는 일'을 '기꺼이' '제때' 하는 데 있습니다.

물이 닿으면 안 되는 소재인데 뭐가 묻었다고 정성스럽게 빨아주면 못 쓰게 돼요. 원하는 일이 아니어서, 수고는 들였지만 손해를 준 것이죠. 뭔가 필요한 일인데 너무 졸라서 해주면, 치사하다고 생각되어서 상대방의 수고를 잘 누리지 못해요. 퇴근

길에 데리러 와주기를 기대했는데, 출근길에 데려다 준다고 하면 차 막혀서 오히려 지각할 수 있듯 타이밍이 맞아야 기쁜 일이 될 수 있죠.

당신이 상대방에게 좋은 마음으로 어떤 일을 해 주었는데, 오히려 상대방이 화를 냈던 기억이 있나요? 서운한 마음으로만 기억할 것이 아니라, 상대를 위해 내 시간과 마음을 쏟겠다고 생각한 그 일에서 어떤 지점을 맞추었으면 좋았을까 반추해 보세요. 상대방이 원하는 일이었는지, 그 일을 해 줄 타이밍이 어긋났는지를요. 그러면 그 경험은 서운했던 경험이 아니라 사랑의 언어를 맞추어야 한다는 것을 알게 된 기회로 바뀔 수 있겠네요.

어떤 선물을 받을 때 가장 기뻤지? 어떤 선물을 받을 때 부담됐지?

다섯 번째는 '선물'입니다. 실물로 전해지는 애정의 증표. 상대를 위해 고민한 시간과 정성이 담긴 선물은 단순한 물건이 아닙니다. 선물은 마음의 모양을 포장한 것이 아니라, 마음 그 자체를 담아 보내는 편지입니다. 물론 받는 사람의 태도도 중요합니다. 감사의 표정 하나, 기뻐하는 눈빛 하나가 사랑의 되돌림이 됩니다.

어떤 이들은 선물을 받을 때 이 사람의 사랑이 가장 잘 느껴진다고 꼽습니다. 실제로 눈에 보이는 무언가를 통해서 애정을 실물로 확인하는 것 같은 느낌을 받는 것이죠.

선물을 주면 감사한 마음으로 잘 받는 것이 좋지만, 솔직히 어떨 때는 내가 원하지 않는 것이거나 나와 맞지 않는 것이어서 불편해질 수도 있어요. 친하지 않은 사람이 주는 선물은 부담스럽기도 하고요.

선물은 사랑하는 사람에게 내 마음을 표현하는 좋은 도구지만, 그것이 중요하지 않은 사람도 있습니다. 또는 구체적으로 원하는 것이 있을 수 있어요. 그래서 선물은 현실적 형편을 고려하고 상대가 원하는 것을 해주되, 무엇을 원하는지 모른다면 원하는 것을 서로 이야기해주는 것이 필요하다는 생각입니다.

여기서 〈나 사용설명서〉의 대전제를 다시 떠올려야 합니다.

내가 원하는 바를 알려줄 수 있으나, 그것을 적용할지 여부는 상대방의 몫이다.

내가 어떤 선물을 받고 싶은지 상대방이 알고 있다고 해서, 다 사줄 것이라고 생각하는 건 내 착각입니다. 상대방도 자신의 형편과 타이밍에 따라 움직입니다. 상대방이 당신을 위한 선물로 고민하고 있다면 서로 맞는 지점을 이야기할 수 있지만, 그런 이야기를 나누는 것을 불편해할 수 있고 거절할 수 있다는 것도 받아들입시다. 그 지점을 지나면서 점차 서로를 잘 파악하게 되면, 이후에는 요구할 것과 요구하지 않아도 알아서 맞출 것 등의 교차점이 생긴다고 봅니다.

　우리는 받는 사람일 때의 태도도 생각해야 합니다. 선물을 주는 사람은 당연하게도 나의 기뻐하는 반응을 기대하며 준비했을 거예요. 그런데 받는 내가 성의 없거나 선물을 평가절하하면 상대방은 다시 같은 수고를 들이고 싶지 않을 겁니다. 선물이 마음에 드는지 여부 이전에, 선물을 고르고 고민하며 나에 대한 애정과 기대를 쌓아왔을 상대방의 진심을 알아주고 그에 대한 감사를 표현하는 것은 당연한 태도입니다.

　아마 당신의 사랑의 언어 1순위가 선물이라면, 이에 대한 반응을 잘 할 것입니다. 그 마음을 알아서 사랑의 언어로 꼽았을 것 같아요. 그런데 선물이 사랑의 언어에서 후순위로 꼽힌다면,

아마 좋은 반응을 보이기 부족할지도 몰라요. 선물을 준 사람에 대한 고마운 마음보다 선물이 마음에 드는지 안 드는지에 먼저 반응하는 태도를 보일 수 있죠. 어떤 쪽이든, 우리 이제 기억합시다. 선물은 그 내용이 무엇이든간에, 나를 위해 시간과 비용과 마음을 내준 상대에게 진심으로 감사하는 반응을 해 주자고요. 선물의 내용을 바꾸고 싶다면 지금이 아니라 조금 시간이 흐른 후 "이것이 싫다"가 아니라 "나는 ~한 것들이 좋다"라는 구체적인 힌트를 주세요.

사랑의 다섯 가지 언어는 주로 내가 어떤 부분을 가장 중요하게 생각하는지 알아채도록 한두 가지를 고르는 경우가 많습니다. 당신도 이 다섯 가지 언어 중에서 두 가지만 뽑으라면 무엇인지 먼저 떠올려 보세요. 그런데 잘 생각해 보면, 친밀감을 가진 관계에서 이 다섯 가지 언어는 모두 중요하게 사용될 수 있습니다. 상대방에게 그때그때 필요한 언어의 방식을 적절히 골라 건넬 수 있죠.

그것은 나에게도 적용됩니다. 나 자신에게도 적절한 사랑의 표현을 건네야 해요. 사랑은 누군가에게 다가가는 방식이지만,

진짜 사랑은 나에게 먼저 다가가는 태도에서 시작되니까요.

- 나는 오늘도 한 뼘 성장했네. 멈추지 않은 내가 멋지다.

  (인정의 말)

- 내 마음에 리프레시가 필요해. 나를 위해 캠핑을 떠나자.

  (함께하는 시간)

- 오늘 힘들었지? 수고했다, 나 자신! 머리 쓰담쓰담 해줄게.

  (스킨십)

- 뽀송하고 깨끗한 이불에서 쾌적한 잠을 잘 수 있게 침대 시트를 갈아줄게. (봉사)

- 수고한 나에게 선물을 건네보자. (선물)

사랑의 언어를 통해 나를 알아보고, 그것을 〈나 사용설명서〉에 적어 보세요. 그리고 언젠가 당신의 사랑하는 사람에게, 그 사용설명서를 건넬 날을 상상해 보세요. 그 사람이 당신을 조금 더 잘 읽을 수 있도록요. 무엇보다 당신 스스로가 당신을 가장 잘 읽어주는 사람으로 남기를 바랍니다.

타인에게 의지하기 어려운 마음
: 나 사용설명서 3

당신에게 세상은 어떤 얼굴을 하고 있나요? 세상에는 좋은 사람이 많다고 느껴지나요, 아니면 세상에 대한 조심스러운 마음이 먼저 드나요?

우리는 아주 어릴 적, 기억도 나지 않는 시절에 양육자와 함께한 경험으로 세상에 대한 인상을 결정짓습니다. 그 시절, 누군가의 품이 한결같이 따뜻했는지, 아니면 다소 긴장됐는지 말이죠. 그 첫인상은 평생을 두고 마음속 필터가 되어 세상(사람)은 견딜 만하다, 혹은 세상(사람)은 견딜 만하지 않다는 가설을 심어 놓습니다.

견딜 만한 관계를 꿈꾸는 사람은 상대의 실수에 크게 요동하지 않습니다. '이 사람은 나를 떠나지 않을 것'이라는 내적 안정감이 있기 때문이죠. 나를 배신하지 않고 내가 어떤 모습을 보여도 나를 사랑할 것이라고 생각합니다. 보통 이런 관계를 꿈꾸죠. 그래서 눈치 보지 않습니다. 이런 사람 곁에서 나는 자유롭고 미움받거나 버림받을 이유가 없으니까 무척 편안합니다.

이러한 시선은 이상적인 부모라고 여겨지는 것, 즉 아이의 어떠함을 다 받아주고 큰 소리 한 번 안 내는 부모에게서 만들어지지 않습니다. 안정 애착을 가진 이들의 보호자는 화를 안 내는 것이 아니라 적당히 잘 냅니다. 적당히 즐거워하고 적당히 실망하고 적당히 지적하고 적당히 가까웠다가 적당히 멀어지는 양육 방식을 보입니다.

이러한 양육 방식은 균형 잡힌 시선을 만들어요. 그래서 아이는 세상이 격렬하게 버겁지 않고 견딜 만한 거예요. 좋은 일도 있지만 불편한 일도 생길 수 있다는 것을 압니다. 견딜 만하니 안전하다고 느끼죠. 적당한 거리와 적당한 감정의 온도 속에서 자란 아이는 이렇게 세상을 안전한 곳으로 받아들이며 자랍니다.

이런 양육자의 태도를 모델링한 아이들은 격렬하게 반응하지 않습니다. 이들은 누구와 연애해도 쉽게 무너지지 않아요.

상대방을 믿어 주는 눈을 갖고, 위기가 와도 함께 이겨낼 수 있다는 감각을 가지고 있죠.

하지만 누군가는 견딜 만하지 않은 세상을 경험하며 자랐습니다. 받았다가 빼앗긴 기억, 다가갔다가 외면당한 손길로 만들어진 불안정한 애착의 기억은 사랑 앞에서 '갈망'과 '두려움'을 동시에 만들어요. 매달리고 싶으면서 동시에 매달리는 내가 싫어집니다.

그래서 불안정 애착 유형의 사람은 더 많이 주고 더 많이 맞춰 주다가 결국 '나는 왜 늘 이렇게 버려지지'라는 두려움으로 아픈 사랑을 합니다. 그 두려움의 시선이 만드는 관계 유형의 하나가 매달리는 관계예요. 어릴 적 받았다가 빼앗긴 경험을 자주 했던 흔적이지요. 아예 안 오면 기대를 안 하는데, 양육자가 조금 주기도 했어요. 다만 충분히 안 주거나 어떨 때는 과도하게 주었지요. 그러고는 한참을 안 줍니다. 예측 불가능한 양육을 받은 것이죠. 그러면 기대했다가 좌절하는 기폭이 커집니다.

불안정한 애착을 가진 사람은 가까운 사람에게 과도하게 매달리는 경향이 있어요. 그러면서 이 사람이 이런 나를 질려 할까 봐 두려워합니다. 불안에 불안이 더해지죠. 그래서 안 해야 할 것들을 하게 됩니다.

이들은 누군가에게 다 맞춰 줍니다. 나를 누르고, 상대가 좋으면 다 좋다는 식입니다. 그러다가 나중에 섭섭해하고 지치고 상처받았다고 말하기도 합니다.

"나는 나를 없애고 너로 가득 채웠는데, 왜 너는 나로 채우지 않아?"

만약 당신이 누군가에게 강하게 의존하는 경향이 있어서 상대방이 부담스러워하고 멀어진 적이 있다면, 새로운 사람에게서 그 마음을 치유받으려고 하기 전에 자기 마음을 먼저 바라보세요. 내 안에 이런 시선들이 있다면, 그 그늘진 시선을 따뜻하게 바라봐 주세요. 당신은 단지 견딜 만하지 않았던 세상을 견디기 위해 그렇게 애써왔던 것뿐이에요.

이제 가설을 수정해 봅시다. 내 존재를 누르면서까지 매달리고 갈구해서 조금씩 얻어야 했던 그 시절의 나는 지금의 나와 다릅니다. 지금의 당신은 키워지는 존재가 아니라 주체적으로 살아가는 존재니까요. 사랑은 과거의 반사작용이 아니라, 지금의 나로 다시 써 내려갈 수 있는 감정이에요. 당신이 이전에 경험한 흔적대로 이 사람을 보고 있겠지만, 그건 당신의 흔적일 뿐 이 사람은 아닐지 몰라요.

우리는 사랑하는 사람과 함께하고 싶지만 나를 지키고 싶은 본능도 있어서, 누군가 나에게 절대적으로 의지하려고 하고 나만 바라보고 있으면 부담스러워서 도망치고 싶은 마음이 들 수 있습니다. 다 맞추고 완전 의지하려는 모습이 오히려 관계를 멀어지게 하죠. 적당히 나를 지키고 적당히 상대의 요구도 들어주며 서로 거리를 유지해야 건강한 관계로 이어집니다.

〈나 사용설명서〉를 쓰다가 이런 내 모습이 떠오른다면, 내가 나를 위해 먼저 무언가를 해주세요. "오류 발생"이라는 코드가 떴고, 그것을 알아차리면 다행인 거죠. 오류 메시지를 무시하면 문제는 반복될 뿐이지만, 오류 코드를 읽고 문제 설정을 바꾸면 다시 작동할 수 있어요. 당신도, 관계도요. 상담받는 것도 도움이 됩니다. 나를 객관화해서 살피면 잘못된 내 시선을 깨닫고 당신이 세운 잘못된 가설을 교정할 수 있게 되어요. 결국 내가 나를 키우고 가꿔야 합니다. 그런 다음에야 관계를 통해 서로를 키우고 가꿀 수 있습니다. 상대와 함께할 일이 있고 내가 혼자

할 일이 있어요. 이 문장을 기억해 주세요.

나는 어릴 적 충분히 지켜지지 못했지만, 이제는 나를 지킬 수 있는 어른이 되었다.

견딜 만하지 않은 세상이라고 바라보는 시선이 만드는 두 번째 관계 유형은 '거리 두기'입니다. 피상적이고 회피적인 관계를 반복하며 깊이 연결되는 것을 두려워하죠. 자주 연락하지 않고, 고민도 쉽게 꺼내지 않으며, 마치 사랑이 '가까우면 아픈 것'으로 느껴집니다. 사랑하는 연인임에도 자주 만나려고 하지 않습니다. 자기 시간을 충분히 쓰면서 연인을 만나는 시간은 아주 적게 잡습니다.

독립적인 성향이라고 볼 수도 있지만, 사실 많은 거절을 받아본 경험이 무의식에 잡혀 있습니다. 자신이 사랑하고 전적으로 의존했던 양육자가 자신을 귀찮아했고 자꾸 밀어내려고 했다면, 자신이 상대방에게 중요한 우선순위가 아니고 자신이 다가갈수록 상대방이 멀어진다고 생각해서 거리를 두는 것입니다. 내쳐지지 않으려고 다가가지 않는 것이죠. 거절당하는 것이 두려워서 애초에 깊은 나눔을 하지 않음으로 자기를 보호합니다.

그러면서 왜 연인을 두려고 하냐고요? 누군가를 가까이하려는 마음도 본능이거든요. 이런 유형의 사람은 상대가 싫어서 거리를 두는 것이 아니라 사랑하는데 멀어지고 싶지 않아서 거리를 둡니다. 이런 유형을 회피 애착이라고 해요. 사랑해서 도망치고, 도망친 나를 이해해 줄 사람이 있으면 더 깊게 사랑에 빠질까 두려워하기도 하죠.

연인이 좀 더 친밀해지도록 속마음을 털어놓고 연락도 자주 했으면 좋겠다고 했더니 왜 사랑을 거지처럼 갈구하냐고 도리어 화를 냈다는 사람이 있었어요. 상대는 보편적인 사랑의 모양을 원했지만, 이 사람은 도저히 그런 요구를 이해하지 못했죠. 아무리 연애한다고 해도 각자 사는 것이다, 나에게 고민을 말해도 소용없으니 혼자 답을 찾아라, 이렇게 상대방의 마음을 밀어내기도 해요. 자기 고민도 잘 털어놓지 않습니다. 그러면 상대방은 자신이 해줄 수 있는 것이 별로 없다는 것에 서운해집니다. 친밀해지기 위해 긴밀한 대화를 나누고 싶은 상대방은 거절감이 쌓이겠죠.

여기서 이 사람은 자신의 경험을 토대로 가까운 사람일수록 거리를 둬야 한다는 가설을 세웠네요. 부모가 멀리 가라고 밀어냈으니까, 사랑하는 사람은 가까이 가면 거부할 것이라는 프레임이 있어요. 만약 지금 당신에게 이런 가설과 프레임이 있다는 것을 알게 되었다면, 사랑하는 사람이 당신에게 마음을 너무 보이지 않아 서운하다고 말한 적이 있다면, 오늘 하루에 겪은 사소하게 속상했던 일 하나만이라도 솔직하게 나눠 보세요. 혹은 오늘 이 부분에서 웃음이 나왔다거나, 상대방의 이런 모습이 기분 좋았다고 하나만 꼽아서 들려주세요. 당신에게도, 상대에게도 그건 아주 좋은 한 걸음이 될 것입니다.

당신이 사람들과 친밀해질 때 주춤되는 부분이 있다면, 당신이 반복해서 같은 이유로 관계에서 힘들어졌다면, 이 질문을 던져 보세요.
'나는 지금 어떤 시선으로 세상과 그 사람을 보고 있지?'

이전과 다르게 사랑하고 싶은 마음
: 나 사용설명서 4

　형제가 없는 사람이 많아졌습니다. 앞으로는 더 그렇겠죠. 외동이 늘면서 새로운 풍경도 생겼습니다. 제 세대만 해도 유치원 발표회에 부모님 중 한 분만 참석하면 충분했는데, 요즘은 부모님은 물론 조부모, 이모, 고모, 삼촌까지 총출동합니다. 아이 한 명을 위해 어른 여덟 명이 모이는 일도 흔해졌어요.

　이 아이는 자라면서 사랑의 총량 120을 기본값처럼 받고 자랍니다. 하지만 고모와 이모가 결혼하고, 각자의 삶을 살아가며 점점 애정이 줄어들면, 익숙했던 사랑의 밀도에 공허함을 느끼기 시작하죠. 더 많은 칭찬, 더 큰 애정을 갈구합니다. 과잉 보호 속에서도 애정 결핍이 생길 수 있는 구조입니다.

　문제는 성인이 된 후에도 어린 시절의 '기준값'을 기대한다는 데 있습니다. "우리 아빠는 이렇게 해줬는데, 우리 엄마는 이렇게 말해줬는데." 이렇게 사랑의 기준이 너무 높으면 현실에서의 사랑은 늘 부족하게 느껴집니다.

앞서 우리는 '적당한 사랑'과 '적당한 거리 두기'가 아이에게 안정 애착을 형성한다는 이야기를 나누었어요. 그런데 사랑이 과하면 어떨까요? 물론 장점도 있습니다. 구김살 없이 자랐다는 것이죠. 하지만 아이에게 '적당히 배고픈 시간'은 만족을 지연할 수 있는 능력을 키워 줍니다. 지금 당장 만족스럽지 않아도, 나중을 위해 참을 수 있는 힘이 있어요.

과잉 사랑을 받은 사람은 관계에서도 비슷한 기대를 품습니다. 나의 요구에 즉시 반응해 주길 바라고, 반응이 늦어지면 사랑이 식은 것 아닌가 의심합니다. 연인이 되면 서로를 우선순위에 두지만 사회생활에 의해 순위를 바꿔야 할 때가 생기죠.

예를 들어, 데이트 약속이 있었는데 친구가 가족상을 당했다면 어떨까요? 대부분은 슬픔을 위로하러 갑니다. 이것은 사랑의 크고 작음의 문제가 아니라 사회적 상식의 문제죠. 그런데도 "나랑 먼저 약속했으니 나부터 챙겨야 하는 것 아닌가?"라고 요구한다면 상대는 당황할 것입니다.

아이에게는 허용적인 양육보다 분명한 한계를 알려주는 것이 오히려 안정감을 줍니다. 부모가 제지하지 않으면 아이는 '허용'을 '방임'으로 오해할 수 있어요. 그래서 양육자는 아이가 놀 수 있는 경계를 제시하고 그 안에서는 놓아주되, 경계를 넘으려고 할 때는 통제해야 합니다. 그 경계가 바로 아이를 지켜주는 울타리죠.

허용적 양육 환경과 통제적 양육 환경에서 자라난 두 사람이 만나면 충돌이 생깁니다. 한 사람은 '자유'를 중시하고, 다른 사람은 '질서'를 중요하게 생각합니다. 한쪽은 상대가 너무 경직되어 있다고 보고, 다른 쪽은 상대가 너무 눈치를 안 본다고 느끼죠. 하지만 중요한 건 지금부터 만들어갈 '우리의 문화'입니다.

"나는 이런 장면 속에서 자랐어. 우리는 서로 다른 경험을 했는데, 이제 우리 이야기는 어떻게 만들면 좋을까?"

서로 다른 가정환경은 나쁨이나 틀림의 문제가 아닙니다. 좋은 기억이 있다면 그 이유를 따뜻하게 설명하면서 상대에게 제안해 보세요. 나의 문화를 강요하는 것이 아니라 초대하는 것이죠. 또한 힘들었던 기억이 있다면 자신에게 내재된 그 부분을 이야기하면서 앞으로의 노력 그리고 상대의 이해를 정중하게 구해 보고요.

어릴 적 부족했던 경험이나 부모의 혼내던 방식이 내 삶을 망칠 정도로 큰일이 아니라면, 그것은 나를 단단하게 만든 자양분일 수 있습니다. 물론 때로는 원망과 미움이 올라오기도 합니다. 그런 감정을 '느끼는 것'과 그 감정에 '머무는 것'은 다른 이야기입니다. 감정에 오래 머물면 상처는 낫지 않고 되풀이됩니다. 우리의 목표는 그 감정을 넘어서 더 단단하고, 더 따뜻한 관계를 만들어가는 것입니다.

물론 쉽지 않아요. 원부모의 부정적인 모습이 내 안에서 튀어나올 수 있고, 나도 그게 싫을 수 있어요. 그럴 땐 이 두 갈래에서 선택해야 합니다.

나도 그 길로 가는 것 vs 나는 그 길로 가지 않는 것

사람을 만나면 더 즐겁고 행복하고 더 견딜 힘이 생겨야 합니다. 그런데 만날수록 힘들고 지친다면, 어떤 지점에서 내가

걸려 넘어지는지 살펴야죠. 원부모와의 관계나 자라온 환경이 원인일 수 있지만, 그 감정에서 빠져나오는 책임은 결국 '지금의 나'에게 있습니다.

과거는 힌트가 될 수 있어도 미래를 대신 그리지는 못합니다. 지금의 나는 그때의 나와 달라요. 과거의 프레임을 바꾸고 싶다면 이렇게 자신에게 말해 보세요.

"나는 지금 이런 프레임으로 세상을 보고 있었구나. 그런데 그 프레임은 내가 만든 게 아니었어. 이제는 내가 새롭게 만들어가자."

사랑하는 사람이 내 부족함을 전부 채워 줄 것이라는 기대도 조심스러워야 합니다. 부모는 수천 번 넘어지는 걸 지켜보며 기다려 줬지만, 연인은 그렇지 못합니다. 전적인 수용이 아닌, 서로가 서로를 '조율'해 가는 것이 관계입니다.

〈나 사용설명서〉를 만드는 일은 나의 기대와 바람을 다정하게 전달해 보자는 제안입니다. 의무가 아닌 요청이고, 명령이 아닌 '초대'입니다.

설명서를 만들다 보면, 사랑하는 사람의 설명서도 궁금해질 겁니다. 그 이유는 단 하나, 이 관계를 오래도록 지켜가고 싶기 때문이죠. 덜 다치고 더 사랑하기 위해서요. 내가 나를 알았기에, 상대에게 상처를 전이하지 않으려 노력하고 싶어지는 것이죠. 상대에게 어려운 모습이 있다면, 내가 내 상처를 이겨냈듯 그 사람도 함께 이겨낼 수 있도록 곁에서 응원하고 싶어집니다.

마음을 먹는다고 하루아침에 바뀌지는 않아요. 그래도 저는 그 '마음먹는 순간'이 너무 소중하다고 생각해요. 세 번, 열 번, 스무 번 마음을 먹다 보면 한 번쯤은 바뀝니다. 한 걸음 나아갈 수 있어요.

그렇게 한 걸음씩, 혼자가 아니라 함께 행복한 미래로 가면 좋겠습니다.

내 기질은 나를 이해하는 단서
: 나 사용설명서 5

  서로의 문화를 받아들이는 과정에서는 각자 가진 고유의 성격인 기질이 나올 수 있습니다. 어떤 사람은 "해보자!"라며 바로 나아가고, 어떤 사람은 조용히 관찰한 후 천천히 움직입니다.

  우리 삶의 태도는 양육자의 영향만으로 설명되지 않습니다. 인간은 저마다 다른 기질을 지니고 태어납니다. 어떤 이는 8~9 강도의 센 자극도 무던히 받아들이고, 어떤 이는 2~3강도의 자극에도 예민하게 반응합니다. 누군가는 변화에 빠르게 적응하고, 누군가는 충분히 살핀 후 적응해냅니다. 기질은 세상을 살아가는 당신만의 방식입니다. 바꾸기보다 어떻게 다룰지 익혀야 하는 영역이죠.

당신이 순한 기질이라면, 뭐든 무던히 받아들였을 거예요. 부모님이 딱히 크게 개입하지 않아도 잘 먹고, 잘 자고, 기관에도 잘 적응했을 것입니다. 당신이 예민한 기질이라면, 다소 혼나면서 자랐을 수 있어요. 먹고 자는 일상에서도 뭔가 유독 불편함이 크게 느껴져서 아기로서는 그것을 참아내기 어려우니 자주 울었을 것입니다. 우는 아기를 달래는 양육자도 힘드니까 부정적인 반응들을 자주 보였을 수 있어요. 자라면서 더 통제받았을 것입니다. 순한 기질의 형제가 있었다면 자주 비교당했을 수 있고요.

이제 내가 어떤 기질이었고 내 부모는 어떤 양육 방식으로 나를 대하셨는지, 그래서 나는 주로 어떤 식으로 문제를 해결하고 낯선 상황을 받아들였는지 어릴 적 내 마음을 떠올려 보세요. 중요한 건, 처음에는 어려웠어도 당신은 초등학교, 중학교, 고등학교를 지나 성인이 되고 사회생활을 하면서 자신의 도드라짐을 적당히 수정하면서 적응해 왔다는 것입니다. 사회적으로 모나지 않을 만큼 자신을 어떻게 다룰지 터득했을 거예요.

그럼에도 사랑하는 사람을 만나 사회적인 긴장감이 풀리면서 자신의 본 모습이 드러날 수 있습니다. 그런 자신이 당황스러울 수 있어요. 이건 자신을 새롭게 보게 되는 기회입니다. 다뤄 보지 않았던 나를 발견해 봅시다. 고집스러웠던 나, 물렁물렁했던 나는 혼나거나 지적받을 것이 아니라 타고난 내 모양이었던 것이죠.

자기 기질을 캐치하는 건 좋은 신호입니다. 자기의 타고남을 어떻게 다룰지, 어떤 방향으로 잘 사용할지 한 걸음 나아갈 수 있거든요. 순한 기질처럼 뭐든 숭덩숭덩 잘 넘어가면 좋겠지만, 예민한 기질이거나 느린 기질이라면 불편함이 생기겠죠. 세상에서 기대하는 수준은 순한 기질이니까 그에 비해 내 기질이 불편하고 이상한 것 아닐까 여겨졌을 수 있고요. 그런데 양육서에서는 부모에게 "내 아이의 타고난 기질에는 좋고 그름이 없다, 그냥 받아들이고 어떻게 그 기질을 소화할지 알려줘야 한다"라고 가르칩니다. 자기 자신에게도 마찬가지의 시선으로 이를 대해야겠죠?

민감성이 높은 기질이 있습니다. 예민해서 작은 변화도 잘 캐치합니다. 불쾌감도 더 많이 느껴요. 이런 사람은 상대방의 깊은 속내도 헤아릴 수 있습니다.

나에게 민감성이 높다고 여겨지면 스스로에게 이렇게 물어야 합니다.

'나는 이 민감성을 어떻게 쓸까? 타고난 이 기질을 어떻게 유용하게 쓸 수 있을까?'

"나는 예민해서 이런 게 너무 거슬려" "나 민감하니까 이런 거 조심해 줘"라면서 불편한 부분만 부각하거나 상대방에게 맞춰달라고 요구하는 건, 자기를 알아차리고 보호하는 것이 아니라 이기적인 태도입니다. 사회는 기질과 삶의 태도가 다 다른 사람들이 모여 있어서, 서로 조금씩 자기를 내려놓고 상대방을 받아들이려는 마음을 가질 때 화합할 수 있으니까요.

저도 민감성이 높은 기질입니다. 덕분에 상담할 때 상대방의 표정이나 톤의 작은 변화를 알아채는 데 도움이 됩니다. 어떤 마음의 변화가 일어난 것일까, 호기심을 가지고 다가가는 데에도 도움이 되고요. 하지만 개인적인 관계에서 상대방의 어떤 부분이 거슬릴 때가 있습니다. 그것이 상대방의 잘못이 아니라 나의 민감함에서 온 것이라면, 저는 저에게 셀프톡을 건넵니다.

'수연아, 저 사람이 너를 불편하게 하는 강도가 실제보다 더 크게 느껴질 거야. 내가 크게 느끼는 것이지 저 사람이 잘못한 건 아닐 수 있어. 그래도 네가 만나는 세상의 강도는 작지 않아서 소란했겠다. 유독 오늘 일이 많아서 더 크게 느껴졌을지 몰라. 많이 힘들었는데, 빨리 쉬게 해줄게.'

그러고 나서 시선을 옮깁니다. 내 감각들과 마음이 쉴 시간을 주는 것이죠. 예민함이 느껴진다고 다 외부로 표현할 필요는 없어요. 기질은 나라는 사람을 잘 헤아려서 나에게 유용하도록 잘 써먹고 잘 적응하도록 안내하는 것이지, 상대방에게 나는 어떠하니 맞추라거나 고치라는 지적과 강요로 표현되면 그건 공격입니다. 뭔가 해주기를 기대하는 마음은 가질 수 있지만, 그 기대에 부응하지 못한다고 비난하면 공격적인 사람이 될 뿐입니다.

기질에는 충동성도 있습니다. 급진적인 성향의 사람들이에요. 반대가 안정지향적인 사람이죠. 충동성이 높은 사람은 어느 날 갑자기 바다를 보러 가겠다면서 수업도 빠지고 나가요. 혼자서는 낭만일 수 있는데, 그런 자기 성향을 상대방에게까지 요구하면 상대방은 고민하게 돼요. 싫다는 게 아니라 생각하는 거죠. '어디로 가는 거지? 비용은? 방법은? 지금 수업 빠지면?' 등

등의 꼬리를 무는 생각을 처리합니다. 충동적인 기질의 사람은 상대방이 생각 처리하는 시간을 기다려주지 못해요.

충동성의 장점도 있습니다. 결단력, 실행력이 좋아요. 뭔가 하겠다고 마음먹으면 해내는 경우가 많습니다. 다양한 도전을 통해 다양한 경험치가 쌓인 것이 큰 자양분이 되었죠. 안정적인 일상보다 임팩트가 있는 도전을 즐기는 사람입니다.

다만 급진적이어서 변화무쌍하지 않은 것에 지루함을 빨리 느껴요. 지속성이 부족하죠. 관계에서는 일상에서 늘 그 자리에 있어 주는 사람이 얼마나 소중한지, 익숙해지는 관계의 중요성을 놓치기 쉽습니다.

이들은 일상의 소중함, 익숙한 것의 소중함을 새롭게 읽어내려는 시도가 자주 필요합니다. 자신에게는 지금 바로 할 수 있는 일이 상대에게는 이틀 걸리는 일이라는 것도 인지하고 예고편을 마련해야 합니다.

느린 기질은 수줍음이 많은 모습으로 드러날 수 있습니다. 수줍음이 많은 사람은 초반부터 빨리하라고 재촉하고, 잘 기다려주지 않는 사회 분위기에 위축될 수 있습니다. 사회성이 떨어지는 것 아니냐고 지적받기도 해요. 사회성의 문제가 아닙니다. 이들은 자기만의 속도로 적응하고 있어요. 익숙해진 후에는 그 분위기의 속도에 충분히 맞출 수 있고요.

다만 수줍음이 어떤 관계에서는 거절의 메시지처럼 보일 수 있어요. 당신은 신중하게 고민하고 익숙해지려고 노력하는 중인데, 상대방은 당신이 이 일에 관심이 없어서 반응하지 않는다고 해석할 수 있습니다. 그래서 시간이 필요하다고 말로 이야기해야 해요.

"내가 그 부분은 일주일 정도 고민하고 알려줄게."

"이거 하루만 시간을 줘."

이렇게 시간이 좀 더 필요하다는 사실만 알려주어도, 당신은 자기 자신을 위한 시간을 벌 수 있고, 상대방은 당신을 기다리는 시간을 거절로 해석하지 않게 됩니다.

제 지인의 자녀는 수줍음 지수가 거의 만점이었습니다. 학교에 입학할 때가 되니 걱정이 많았죠. 그때 아이에게 이렇게 말해 주었어요.

"오늘은 학교에 가서 친구들 얼굴은 보지 말고 아이들이 무슨 색깔 양말을 신고 오는지만 구경하다가 와."

그날 저녁에는 그 주제로만 대화했어요. 일주일 정도 지나고 나서는 다른 미션을 주었습니다.

"오늘 치마 입고 온 친구가 몇 명인지 세어 봐. 오늘은 그것만 해도 돼."

이런 식으로 매주 미션을 줬어요. 그렇게 2학년, 3학년까지 매년 초에는 적응을 위한 미션을 수행했습니다. 4학년 초가 되어서 역시나 미션을 주려는데, 아이가 말했습니다.

"이모, 나 친한 친구 생겼으니까 그만해도 돼."

아이는 적응하는 데 필요한 시간을 점점 단축해 가고 있었던 것입니다. 지금은 중학교 2학년이 되었는데 부반장도 하고 이런저런 활동으로 분주합니다.

수줍음은 자기만의 속도가 필요하지만, 그 과정을 반복하다 보면 그 기간을 줄일 수 있어요. 여기서 중요한 것은 자기의 모양을 비난하지 않는 것입니다. 비난하지 않는다고 그대로 두어도 괜찮다는 것은 아니에요. 조금 불편할 때가 있으니까 속도를 낼 나만의 방법을 찾거나, 상대방에게 시간이 필요하다고 안내함으로써 불필요하게 오해할 소지를 줄여 나가면 됩니다.

기질은 비난의 대상이 아닙니다. 그에 맞는 전략을 세워야 하는 내 안의 언어입니다. 우리는 그 언어를 좀 더 유창하게 익혀야 합니다. 나의 기질은 나를 불편하게 만들기 위해 있는 것이 아니라, 나를 나답게 살아가도록 돕기 위한 것임을 기억해 봅시다.

〈나 사용설명서〉를 쓰는 당신이라면, 이제 자신의 기질도 설명서에 추가해 보세요. 당신이 어떤 자극에 민감하고, 어떤 방식으로 반응하며, 어떤 속도로 관계에 다가가는지를 말이에요. 그래야 사랑하는 사람도 당신을 더 잘 이해할 수 있으니까요.

우리는 타고난 그대로의 내가 아니라, 그 타고남을 어떻게 다루고 살아가느냐로 지금의 나를 만들어 갑니다.

내 안의 불안이 친밀한 관계를 막아설 때
: 나 사용설명서 6

　대상과 관계를 맺을 때 누구나 세 가지 불안을 가진다고 보는 이론이 있습니다. 바로 '대상관계이론'입니다. 대상에 대한 불안은 누구나 있지만, 각 불안의 정도에 따라 관계가 어려워지기도 하고, 오히려 깊은 관계를 유지하는 데 도움을 주기도 합니다. 이 불안의 모양들이 내 안에서는 어떻게 자리하고 있는지, 어떻게 다루면 좋을지 한 번쯤 살폈으면 합니다.

　대상에게서 느끼는 첫 번째 불안은 단절에 대한 것입니다. 버림받을까, 소중한 사람을 잃을까 하는 불안입니다. 사랑하는 사람과 헤어질까 걱정되기도 하고, 나를 떠나거나 버릴까 봐 두려워지기도 합니다. 이 불안이 공포로 커져 버리면, 불편한 상황이 생겨도 내색하지 않음으로 갈등을 회피하거나 본심을 숨기면서 관계를 유지하려고 애씁니다. 불안정 애착에서 자주 보이는 모습이죠. '나를 버릴지 모른다'는 생각에 상대에게 과도하게 맞추다 나를 잃기도 합니다.

하지만 어떤 관계도 영원할 수는 없습니다. 때로는 내가 헤어짐을 선택할 수 있고, 때로는 상대가 그렇게 할 수도 있습니다. 관계를 지키기 위해 자신을 포기하지 않아도 된다는 마음이 필요합니다. 거절당할까 두려워 시작조차 하지 못하는 사람도 있어요. 깊은 관계는 거절당할 수 있음을 알면서도 다가가는 용기로부터 피어납니다. 그 두려움을 이겨야 진정한 관계를 얻을 수 있어요.

두 번째 불안은 삼켜짐에 대한 것입니다. 함께하고 싶지만, 나라는 존재가 상대방으로 인해 사라질까 두려워지는 감정입니다. 너무 밀착된 관계에서 나의 생각과 감정이 자주 무시되면, 나는 점점 사라지고 상대의 감정에 완전히 잠식당하는 느낌이 들어요. 엄마의 감정에 휩쓸리는 아이처럼, 연인의 감정에 휘둘리는 나를 발견할 수도 있습니다.

이 불안은 종종 '나로서 존재하지 못할까 봐' 생기는 두려움으로 드러납니다. 황혼이혼을 결심하는 분들 중에 '누구 부모,

누구 배우자 말고 나로 살고 싶다'는 경우가 있죠. 독립적인 기질을 가진 사람일수록 이 '먹힘의 불안'은 더 클 수 있어요. 상대의 생각과 감정에 나를 맞추다 보면, 점차 '나'의 경계가 사라지고 마는 것이죠.

누군가와 가까워질수록 나 자신과 멀어지는 기분이 들 때, 우리는 자신을 잃어버리는 듯해서 두려워집니다.

세 번째 불안은 비어 있음에 대한 것입니다. 나라는 존재가 공허하고 가치 없다고 여겨요. 이 텅 빈 내면을 다른 사람에게 들킬까 봐 두려워합니다. 그래서 누군가 다가오면 밀어내거나, 반대로 자신을 과장되게 꾸며 보이려고 하죠. 자존감과 깊은 관련이 있는 불안입니다. 이 모습은 '가면증후군'과도 맞닿아 있습니다. 실제보다 더 나은 자신을 보여 주려 애쓰지만, 속으로는 비어 있는 자신을 들킬까 봐 끊임없이 불안한 상태죠.

우리는 모두 이 세 가지 불안을 품고 살아갑니다. 적당한 불안은 나를 지키고, 타인을 배려하게 하며, 겸손하게 살아가게 하는 힘이 되죠. 하지만 불안이 너무 커지면 관계에서 이상 행동으로 나타납니다. 안 해도 될 행동을 하거나 해야 할 일을 피하는 방식으로요. 스프링클러의 센서처럼 너무 무디면 불을 감지하지 못하고, 너무 예민하면 작은 열기에도 계속 작동하는 것입니다.

이럴 때는 잠시 멈춰서 자신에게 이렇게 물어보세요.

'지금 내 불안은 어디에서 시작되었을까?'

'지금의 반응은, 정말 이 사람 때문일까? 아니면 내 오래된 경험의 흔적이나 놀란 감정 때문일까?'

그리고 자신에게 부드럽게 말해 주세요.

'그가 내 메시지에 늦게 답하는 건, 나를 싫어해서가 아니라 바빠서일 수 있어.'

'그가 나에게 헤어지자고 말한 적 없잖아. 내 불안이 만들어 낸 말에 현혹되지 말자.'

사랑은 내가 나와 보내는 다정한 시간에서부터 시작됩니다. 사랑하는 사람과 균형을 이루는 관계를 맺으려면 나 자신도 잘 서 있어야 해요. 어느 한쪽이 다 쏟아주는 관계는 오래가기 어렵습니다.

나의 깊은 불안을 말로 꺼내는 일은 쉽지 않아요. 상대가 그 불안을 알아차리고 보듬어 주면 무척 고맙지만, 그건 바랄 수 있는 일이 아니라 선물 같은 일이죠. 그래서 우리는 밥을 먹듯, 영양제를 챙기듯, 자기 마음도 자주 돌봐야 합니다.

마음을 들여다보는 일이 귀찮게 느껴질 수도 있어요. 하지만 그건 삶의 중요한 기술입니다. 산책 중에, 커피를 마시며, 책을 읽다가 떠오르는 생각을 그냥 흘려보내지 말고 그 생각에 잠시 머물러 보세요. 문장으로 적어 보면, 실타래처럼 엉켜 있던 감정들이 생각보다 단순해질 수 있어요.

오늘 나는 어떤 감정에 머물렀지?
오늘 내 불안은 어떤 얼굴을 하고 있었을까?
오늘 사랑하는 사람의 말이나 행동 중 유독 마음에 남은 건 뭐였을까?
그 말이, 그 행동이 왜 나에게 그렇게 크게 건드려졌을까?

몸살 난 사람은 길 가다 넘어진 사람을 부축할 수 없습니다. 스스로 마음을 보듬는 힘을 가져야 더 단단하고 다정한 사람으로서 사랑을 나눌 수 있습니다. 당신의 불안이 고개를 내밀 때 혼내지 말고, 모르는 척 외면하지 말고, 다정하게 말을 건네 주세요.

CHAPTER 3

우리는
잘 통하고 있나요?

: 너에게 다정할 시간

"대화가 잘 통해"
공감의 시작, 관심사의 연결

당신에게 소통은 어떤 이미지인가요? 따뜻하고 다정한 말이 오가는 풍경일지 모르겠네요. 만약 그런 이미지에 익숙하다면, 밀도 있는 관계에서 나오는 진지한 대화나 갈등은 소통이 아니라 문제처럼 느껴질 수 있어요. 그런데 밀도 있는 관계일수록 진지한 이야기가 많이 나오게 되고, 상대방에게 위로받고 싶거나 위로해 주고 싶어서 더 깊은 대화를 나누게 되기도 합니다. 그러다 보면 나의 의도와는 다르게 소통이 예쁜 모습으로만 전개되지 않을 수 있어요.

소통은 꼭 아름다운 말로만 이뤄지지 않아요. 다정한 말에만 길들여진 사람은, 깊은 대화 앞에서 쉽게 다치고 도망칩니다. 갈등 없는 대화를 원하면 결국 감정 없는 관계를 선택해야 할지도 몰라요.

　솔직히 지금 이 책을 읽고 있는 당신에게 "아름다운 사랑을 하자"라고 말하면서, 소통이 꼭 예쁜 것만은 아니라고 말하기가 조금 걱정됩니다. 다소 어렵고 깊이 있는 대화가 부담스럽고, 때로는 어려운 말을 건넬 용기가 없어서 관계 자체를 멀리하는 경우도 많으니까요. 하지만 당신도 아마 느끼고 있을 거예요. 좋은 말, 좋은 분위기만 유지하려고 애쓰다 보면 결국 어느 한쪽이 완전히 희생하거나 침묵하게 되고, 깊은 관계 앞에 놓인 피상적인 선을 넘지 못한다는 것을요.

　사회생활을 하다 보면 '나이스한 사람'들을 자주 만나게 됩니다. 감정의 큰 동요 없이 상황을 판단하고 조심스럽게 선을 지키는 사람들이요. 적당히 관여하고, 함부로 나서지 않고, 감정을 드러내지 않습니다. 사회에서는 이렇게 적정한 선을 지키는 사람들이 확실히 좋은 평가를 얻습니다. 그들의 관계가 그렇게 적당한 거리에 서 있을 수 있는 것은, 자신의 삶에 유일하거나 간절하거나 밀접한 것을 위한 '함께'하는 동행이 아닌, 공동의 목적을 중심으로 집중됩니다. 예컨대 회사라면 수익 창출을 위한 협업이 목적이니까, 불필요한 친밀감이나 관여는 오히려 부담될 수 있어요. 유일하지도 않고, 삶의 오랜 시간을 위한 미션도 아닌 경우가 많죠.

하지만 가족이라면 다르지 않나요? 감정 없이 거리만 유지하는 건 거의 불가능에 가깝습니다. 가족에게 도움이나 조언이 필요한 상황이고, 내가 가족에게 꼭 필요한 중요한 정보를 가지고 있는데도 모르는 척 외면하기는 어렵습니다. 이때 가족이 알아서 잘할 것이라고 믿어 주는 것과 내가 개입해 봤자 귀찮아지니 외면하는 것은 다른 결이죠.

우리는 가까운 사람에게서 더 자주 감정이 건드려집니다. 나의 바운더리 안에 들였다는 것은, 가족만큼 소중하게 혹은 나 자신처럼 여겨지는 존재로 두기로 했다는 뜻이니까요. 그래서 밀접한 관계에서는 평소보다 과하고 진하게 감정을 쏟아냅니다. 더 관찰하고, 더 믿어 주고, 더 눈치 보고, 더 자주 잔소리하게 되는 거죠.

많은 말이 오가지 않아도 마음이 전해지는 순간이 있고, 말이 많아도 외로운 순간이 있습니다. 이런 것들이 저는 '소통'이라고 생각해요. 언어와 비언어가 모두 담긴, 애정이라는 배경을 가진 선택이요. 결국 소통은 더 오래 함께하기 위해 서로의 속도를 맞추려는 시도 아닐까요? 기꺼이 내 에너지와 감정을 소모하기로 선택하는 것이죠.

소통의 방향이 더 나은 관계로 나아가는 것이라면, 소통의 내용에는 무엇이 담길까요? 첫 번째는 정보의 전달, 두 번째는 욕구와 의도의 전달이라고 생각합니다. 그저 '수다'를 넘어, 진짜 '대화'가 되려면 정보 전달에도 방향성이 있어야 합니다.

"그 사람하고는 대화가 잘 통해."

이 말은 우리가 관계를 맺을 때 자주 쓰는 말입니다. 대화가 잘 통한다는 느낌은 곧 '오랜 시간 함께할 수 있겠다'는 신호처럼 작용해요. 서로의 관심사를 공유하고, 서로를 더 알고 싶은 마음이 전제되어 있을 때 가능한 일이죠.

그렇다면 언제 '대화가 잘 통한다'는 느낌이 들까요? 바로 공통된 관심사에서 출발할 때입니다. 의도하지 않아도 같은 주제를 자연스럽게 이야기하게 되고, 그 이야기 속에서 공감이 깊어지죠.

제 남편은 양자역학에 대한 영상을 좋아해요. 그리고 기쁘게도 저도 그 분야에 관심이 많아요. 그래서 저는 자주 생색냅니다.

"물리학 좋아하는 여자 만난 걸 감사하게 생각해."

이런 농담 속에는, '당신의 관심사를 진심으로 듣고 있어요'라는 따뜻한 마음이 담겨 있어요. 우리는 결국 누군가의 말 한마디로 울고 웃는 존재니까요.

물론 관심사가 항상 같을 수는 없어요. 의견이 일치하지 않을 수도 있죠. 그럴 땐 "그렇구나" "그렇게 생각하는구나" "그게 그렇게 재미있었어?" 하고 반응해 줄 수 있어야 하죠.

자주 꺼내는 이야기는 곧 그 사람의 자기 소개라고 볼 수 있어요. 반복되는 정보 속에 그 사람이 중요하게 생각하는 가치가 숨어 있거든요. 특히 우리가 가까운 사람에게 자주 꺼내는 정보는 더더욱 그렇습니다.

우리는 일상에서 수많은 정보를 접하고 삽니다. 그중에서 몇 가지 정보를 꼽아서 상대방에게 말한다는 것은, 그 정보를 픽한 나에 대한 소개예요. 사람은 매번 다른 분야의 정보를 전하지 않습니다. 상대방이 말하는 대화의 패턴을 잘 살펴보면, 그 사람이 최근에 어떤 부분에 신경을 쓰고 있는지, 평소에 어떤 마음가짐을 가지고 사는지, 어떤 부분에서 유독 분노를 느끼는지 등의 정보를 알아낼 수 있어요.

그래서 그 가치가 나와 맞는지 비교하게 되고, 상대방이 중요하게 생각하는 부분이 나와 너무나도 다르다면 '대화가 잘 통한다'라고 여기기는 어려울 것입니다.

우리가 챕터 2에서 '나 사용설명서'로 자신을 발견하는 시간을 가진 것은 이런 이유 때문입니다. 나에게 중요하다고 여겨지는 가치가 무엇인지 잘 알고 있으면, 그러한 결을 가진 사람을 잘 알아볼 수 있거든요.

단순히 '나는 양자역학에 관심 없는데, 그는 관심이 너무 많네? 그러면 우리는 안 맞는 건가?' 이런 맥락이 아니에요. 예를 들어서 저 또한 양자역학을 좋아해서 듣기는 하지만, 양자역학을 이야기하는 남편에게서 얻은 정보는 그가 일상의 호기심에 대해 논리적으로 답을 찾으려는 사람이라는 것이었습니다. 남편의 대화에는 과학적인 지식, 논리적인 맥락, 자연의 섭리에 대한 것이 많아요. 이러한 패턴을 발견했을 때 좋은 점은, 제가 어떤 요구를 할 때 감성적인 이유보다 기승전결, 혹은 좀 더 분명한 논리를 통해 제안하면 남편을 설득하기 좋다는 점입니다.

말에는 그 사람의 삶의 결이 담겨 있습니다. 그 결이 느껴지는 순간, '당신은 나랑 안 통해' '당신의 대화는 건조해'가 아니라 상대에게 더 닿을 수 있는 말의 결을 이해해서 전달 방식을 고민해 보는 것이죠. 이렇게 상대방의 말의 맥락을 파악하면 대화를 좀 더 수월하게 해 나갈 수 있어요.

반면 나의 소통 가치가 '감정의 공감'이라면 이런 대화가 어려울 수도 있어요. 감정을 알아주길 바라는데 "그건 힘들어도 해야 할 일이야"라는 식의 논리와 이성으로 답하면, 마음을 털어놓은 상대는 이 대화에서 벽을 느낍니다.

하지만 이건 가치의 충돌이기보다는 표현 방식의 차이에 가깝습니다. 학습하고 조율할 수 있는 영역이에요. 다만, 감정이 상하면 이러한 노력을 포기하고 싶어지므로 멈추게 되는 것이지요. 표현 방식에 대한 것은 서로의 방식을 학습하려는 노력으로 나아질 수 있습니다.

같은 뉴스를 봐도 어떤 사람은 정치에, 어떤 사람은 복지정책에, 어떤 사람은 연예뉴스에 분노하고 반응합니다. 관심사가 다르다는 사실은 괜찮지만, 나에게 중요한 주제에 대해 전혀 공감받지 못할 때 '대화가 잘 통한다'는 느낌은 들지 않겠죠.

결국 "이 사람이랑 함께 있으면 마음이 편하다"라는 말은, 단순한 감정이 아니라 대화의 결에서 비롯됩니다. 서로 주고받는 말의 톤, 내용, 감정선이 닿을 때 우리는 비로소 말합니다.

"우리는 대화가 잘 통해요."

서로 다 알아야 할까?
전부가 아닌 어떤 것

관계를 너무 거창하게 생각해서 상대를 나의 구원자라고 착각할 수 있습니다. 내가 상대를 구원할 수 있다는 환상도 마찬가지입니다. 그런 마음을 가진 사람은 흔히 이렇게 실수합니다.

'나의 모든 것을 다 알려야 해.'

'너의 모든 것을 다 알아야 해.'

불필요한 이야기까지 다 하려 하고, 상대방에게도 그것을 요구합니다. 말하지 않은 정보를 숨긴다고 오해하거나, 굳이 밝히지 않은 것을 캐내려 들죠. 하지만 나의 모든 것을 말할 필요는 없습니다. 사랑하는 사이라고 해서 어릴 적 히스토리부터, 모든 상처와 모든 생각을 시시콜콜 다 알아야 할 필요는 없어요. 핸드폰의 모든 문자, 통화 내역까지 공유할 필요도 없고요.

물론 공유해야 할 정보가 있습니다. 먼 미래를 그리는 사이라면, 예를 들어 혼인 이력이나 범죄 이력, 가족에 대한 중요한 정보처럼 관계에 영향을 줄 만한 사실은 나눠야겠지요. 하지만 그것도 '전부'가 아니라 관계의 기반을 구성하는 '어떤 것' 정도면 됩니다. 가족에 대한 정보에서도 자세한 역사가 아니라 어느 정도의 현재 상황을 알리면 돼요.

여기서 서로의 삶에 대한 공유 기준은 한 사람의 특별한 경험과 환경이, 관계의 변화에 영향을 줄 수 있는 문제인가에 따라 정해지겠죠. 상대방이 중요하게 여기는 가치관을 알고, 그에 반하는 것이 있다면 알리는 것이 맞다고 봅니다. 특히나 결혼이라는 목표를 앞두고 있다면요. 다만 여기서 '공유'는 내가 나를 감당하기 어려운 것을 상대에게 던져서 무게를 전가하는 것이 아니라, 내가 감당해내고 있는 것들에 관한 것이어야 합니다.

나에 대해 너무 많이 말하면 나조차 지쳐요. 그래서 좋은 대화는 내가 나를 사랑하는 만큼만 나누는 것이라고 봅니다.

과거의 경험이 지금의 감정 반응에 영향을 준다면, 그 역시 '어떤 것'으로 전할 수 있습니다. 예를 들어, 잠수 이별을 당했던 사람이 있다면 이렇겠죠.

"나는 내가 마음을 많이 줬던 사람이 아무 말 없이 사라진 경험이 있어. 그게 이별의 방식이었다는 걸 나중에야 알았고, 그때부터 연락 두절에 굉장히 민감해졌어. 수시로 연락해 달라는 건 아닌데 연락하기 어렵다면 미리 말해 주면 고맙겠어."

이렇게 자신의 정서를 설명하는 것은 관계에 도움이 됩니다. 하지만 그 설명이 '이전에 만났던 사람들에 대한 모든 이야기'로 확장되면, 그것은 상대방도 나 자신도 감당하기 어려운 무게가 됩니다.

아무리 가까운 사이라도 '적당한 거리'가 필요합니다. 특히 연인 관계에서 나오는 흔한 실수가 바로 전 연애에 대한 경험을 다 말하는 것이죠. 내가 만나는 사람이 첫사랑이 아닌 이상, 우리는 누군가를 사랑했고 사랑받아 본 경험이 있을 거예요. 과거의 사랑이 지금의 사랑에 중요한 정보가 될 만한 것이 있나요? 물론 연인 간의 대화에서 지난 이야기가 하나둘 툭툭 나오게 되지만, 그 정도가 아니라 누군가를 만날 때마다 이전에 내가 어떤 연애를 했는지 다 알려야 한다고 생각하고, 또한 상대방의 과거도 다 알아야 한다고 생각해서 캐묻는 건 상대방에 대해서도 나에 대해서도 좋은 태도는 아닐 것 같아요. 연인 관계에서 전 연애에 대한 지나친 정보 공유는 관계의 질을 높이지 않을 수 있습니다.

특히 이별에 대한 태도는, 챕터 4에서 다루겠지만 이 자리에서도 한 가지를 짚고 싶습니다. 과거의 연인에 대해 지금의 연인에게 좋게 말해도 나쁘게 말해도, 그 어느 쪽도 좋은 결과로 이어지기 어렵습니다. 만약 상대가 정 궁금해하면, 그 사람에 대한 감정은 배제하고 그 선택을 하게 된 나의 마음에 대해서만 정리하는 정도면 좋을 것 같습니다.

"그때 나는 미성숙했고, 함께 멀리 볼 수 있는 사람은 아니었어. 지금 너와는 다르게 느껴."

당신을 이해하고 싶은 마음이 클수록 모든 것을 알려 달라고 조를 수도 있겠죠. 하지만 가장 깊은 사랑은, 말하지 않아도 되는 것을 남겨두는 배려에서 시작된다고 생각해요. '나를 다 이해해 줘야 해' '너를 다 이해해야 해'라는 태도 역시 그 연장선상입니다.

나에 대한 정보를 과하게 전달하려는 마음의 이면에는 이러한 '구원자 심리'가 있는 것 같습니다. '나는 이런 류의 정보를 좋아하니 내 관심사를 다 들어주고 다 이해해 줘' '나는 이러한 경험을 했으니 네가 주의해 줘'라는 마음으로 대화에 임하면 상대는 부담스러울 수 있어요. 우리는 누구의 구원자가 될 수 없거든요. 이건 어찌 보면 '사랑의 환상'입니다.

연인은 나의 전부를 감당할 수 있는 사람이 아니에요. 부모조차도 그것을 온전히 감당하지 못해요. 한 사람의 인생을 온전히 다 받아들일 수 있는 건 자기 자신뿐입니다. 그 감당의 과정에 기꺼이 동참하고 나누려 하고 지켜봐 주는 그들이 고마운 대상이지, 책임질 대상은 아닌 것이죠.

그래서 대화의 '양과 깊이'를 조절하는 기술이 필요합니다. 상대방이 소화할 수 있는 정도의 양으로, 우리의 관계에 꼭 필요한 정도의 정보를, 상대방이 잘 이해할 수 있는 언어로 전해야 합니다. 그게 전하는 사람의 태도입니다. 상대방이 되묻지 않은 것까지 말하고 싶은 순간, 우리는 사랑보다 불안을 털어놓고 있는지도 모르니까요.

내가 어떤 관심사와 의견을 전했을 때, 상대가 '잘 들어주는 것'만으로도 이미 대화는 성공한 것입니다. 그런데 거기서 더 나아가 "내 의견에 동의해" "내 생각이 맞다는 걸 인정해" "내 말을 들었다면 너는 달라져야 해"라고 요구한다면 그건 강요입니다.

대화에서 중요한 것은 각자의 위치입니다. 말하는 사람과 듣는 사람의 역할은 구분되어야 합니다. 듣는 사람의 역할은 경청과 공감이지, 동의나 일치가 아닙니다. 말하는 사람의 역할은 표현과 설득이지, 강요나 지시가 아닙니다. 내가 나의 관심사와 의견을 표현하는 것은 내 의지와 자유이고, 상대방은 그 의견을 잘 들어주면 자기 역할을 하는 것이죠. 내 의견에 동의하든 동의하지 않든, 그것은 상대방의 의지와 자유입니다. 선택의 문제이기 때문에, 내 의견에 동의하는지에 서운함을 갖거나, 애정을 확인하는 기준으로 삼기 어렵다는 이야기입니다.

다만, 내 의도와 기대를 이해하고 그것을 실현해 주는 상대에게 고맙고 감동할 기회가 늘어나길 바랍니다. 또 그들의 기대를 채우는 역할을 기꺼이 선택하는 것도 사랑의 시간들이 되겠죠.

우리의 대화는 계속해서 '나를 소개하는 과정'입니다. 상대도 자신을 소개하고요. 이 과정에서 중요한 것은 '호기심'입니다.

만남의 시작이 그랬듯, 대화도 계속 상대를 궁금해하는 마음으로 유지되어야 합니다. 그 말을 하는 사람을 가만히 들여다보고, 나의 반응을 고민하는 것입니다.

'왜 이런 말을 할까?'

'이 말 속에는 어떤 맥락이 숨어 있을까?'

결국 우리는 전부가 아닌 '어떤 것'을 나누는 존재이고, 그 조각들 사이에 마음이 깃듭니다.

우리가 이 책에서 다루는 모든 내용은 '사랑하는 관계'라는 전제가 있어요. '사랑받고 싶다'는 마음과 '사랑해 주고 싶다'는 마음은 공존합니다. 일방적으로 흘러가는 관계, 즉 '나를 많이 사랑해 줘'라는 마음만 있는 관계는 유지되기 어려워요. 마찬가지로 '내가 이 사람을 잘 이해해주고 싶다'는 마음이 과해져서 '다 이해해야 한다'로 가면 나에 대한 애정을 놓칠 수 있습니다. 내 안에서 소화할 수 없는 것도 있으니까요.

사랑하는 관계는 일방적인 이해가 아니라, 서로의 이해 가능성에 대한 믿음으로 이어집니다. 그러니 대화의 방향은 언제나 '일치'가 아니라 "그럴 수도 있겠네"라는 한마디의 '인정'으로 충분합니다.

진짜 욕구를 말하는
연습이 필요하다

사랑하는 사람과는 시시콜콜한 일상을 나누기도 하지만, 생각보다 많은 대화 속에는 의도와 목적이 담겨 있습니다. 단순히 나를 소개하려는 정보가 아니라, 상대에게 전하고 싶은 어떤 메시지를 슬며시 담아 건네는 것이죠. 하지만 직접적으로 이야기하면 혹시 상처가 되거나 불편할까 봐, 조심스럽게 에둘러 말하게 됩니다.

"저녁 6시부터 오후 2시까지 굶는 간헐적 식사가 좋대."

"1일 1식이 건강에 좋다네."

이런 정보가 반복적으로 들리면, 상대방은 생각하게 됩니다. 정보를 전달하는 척하지만, 사실은 의도된 마음이 담긴 건 아닐까 싶은 것이죠.

'나 다이어트해야 하나?' '몸이 안 좋아 보이나?'

물론 순수하게 흥미로운 정보를 공유할 때도 있습니다. 하지만 세상에 넘쳐나는 정보 중에서 '무엇을 말할지 고르는 선택'에는 우리의 감정과 관점이 반영됩니다. 정보에는 마음이 따라옵니다. 그래서 내가 정보를 건넸는데 상대는 그 말로 상처받을 수 있어요. 말에는 방향성이 있고 마음은 그 말에 담긴 무게를 느끼는 법이니까요.

이처럼 반복되는 메시지에는 의도가 담기고, 그 의도를 해석하는 사람은 관계의 밀도를 재보게 됩니다.

'그 얘기를 또 하네?' '나한테 뭔가를 바라는 건가?'

물론 우리는 시시콜콜한 이야기들을 가볍게 수없이 나누죠. 그런데 어떤 메시지는 분명 재가공해서 듣게 됩니다. 모든 메시지를 다 새겨듣진 않지만, 상대가 내 귀에 들리도록 무언가를 전달하면 우리는 그 지점에서 멈춰 이 정보를 수용할지 결정하게 됩니다. 듣는 사람은 자신도 모르게, 정보가 아니라 '메시지'를 읽고 있는 거예요.

내가 어떤 대화에 요구를 담을 때, 그 요구는 상대를 위한 것 같지만 나를 위한 것일 때가 많습니다. 그래서 우리는 이 말을 지금 꼭 해야 할지, 어떻게 표현해야 할지 고민하게 됩니다. 사람은 본능적으로 자신에 대한 지적을 '자기 존재에 대한 부정'으로 느낄 때가 많아요. 그래서 어떤 변화를 요청하는 내용이 담긴 말을 전할 때는 더 조심스럽고 다정하게 건네려고 하죠. 상처받지 않게 내 마음을 전하고 싶어서요.

이렇게 좋은 의도가 좋은 대화로 이어지려면 언제나 '태도'의 문을 통과해야 합니다. 사랑하는 관계는 누가 누구를 가르치고 지시받는 사회적 관계와 다르니까요. 일터에서는 지적을 받아도 그것은 일에 관한 방향 제시일 뿐, 존재 자체에 대한 부정은 아닙니다. 하지만 연인 관계에서는 감정이 얽혀 있기에 훨씬 민감해지고, 조언 혹은 제안이 곧 상처가 될 수 있죠.

우리는 사랑하는 사람을 변화시키려는 사람이 아니라, 변화를 곁에서 지켜봐 주는 사람입니다. 부모조차도 자녀가 자란 뒤에는 그렇게 하잖아요. 상대를 바꾸고 싶은 마음에는 사랑이 담겨 있지만, 태도를 조심하지 않으면 조종이 섞입니다. 그래서 정말 중요한 변화나 요청이 있다면, 간접적으로 돌려 말하기보다 차라리 정중하게 직접적으로 말하는 것이 낫습니다.

"네가 요즘 자주 목이 붓고, 건강검진 결과도 안 좋았잖아. 이번 기회에 담배를 줄이는 건 어때? 우리 아이를 갖고 싶어 하는데, 흡연이 아이에게도 안 좋다고 하더라고. 내가 보낸 기사 한 번 읽어봐 줘. 진심으로 생각해 줬으면 해."

"너의 취미생활은 존중해. 네가 그 일로 많이 위로받는 것 알겠어. 하지만 네 몸과 너의 재정이 위협을 받을 정도로는 빠지지 않도록 조절했으면 좋겠어. 네가 그렇게 빠져 있는 것이 즐거움일 수 있지만, 우리에게도 함께 즐거운 일인지 생각해 주면 고마울 것 같아."

이런 말은 배려가 전제된 조언이자, 사랑을 담은 정보 전달입니다. 중요한 것은 상대를 바꾸는 것이 아니라, 관계의 안전한 틀 안에서 나의 마음을 전하는 태도입니다.

드라마 속 한 장면이 떠오르네요. 어려운 환경에서도 꿋꿋이 살아가는 한 여자친구가 자신의 자취방으로 남자친구를 데려갑니다. 여자친구는 남자친구를 방으로 데려가면서 자신이 살고 있는 동네가 얼마나 멋진지, 시내가 잘 내려다보이는 전경을 자랑하면서 이곳은 열심히 살아가는 사람들이 사는 인정이 많은 동네라고 소개합니다. 그런데 부유한 환경에서 자란 남자친구는 여자친구의 말이 들리지 않아요. 그저 어둡고 좁고 위험한 사람들이 사는 동네처럼 보입니다. 그래서 남자친구가 이렇게 말해요.

"너 이 동네에서 당장 나와. 이런 데서 어떻게 살아? 여기가 사람 사는 동네야? 이렇게 위험한 곳에 내가 널 어떻게 둬!"

남자친구는 여자친구를 사랑하는 마음에서 쏟아낸 이야기죠. 그런데 이 말을 듣는 여자친구의 마음은 어렵습니다. 여자친구는 자신의 형편과 상황에 맞는 곳을 찾아 집을 구했고, 소중한 공간으로 여기고 있으며, 그곳에 사는 사람들을 아끼기 때문입니다. 그의 말은 그녀의 현실과 애정을 모두 부정하는 말처럼 들렸을 것입니다.

물론 남자친구의 시선이 맞을 수 있어요. 그런데 그의 진심은 여자친구를 아프게 하며 전달되었습니다. 말하는 방식이 서툴렀기 때문이죠. 이때는 여자친구의 시선에서 함께 바라보고 공감하며 시작했으면 어떨까 싶습니다. 여자친구가 아끼는 자신의 동네에 관한 이야기에 귀를 기울였다면 좋았을 거예요. 자신의 불안한 마음은 자신이 집까지 잘 데려다주면서 달랠 수 있어요.

이후 정말 위험한 상황을 마주한다면, 그 상황을 두고 잘 설득할 수 있겠죠. 하지만 자기 경험에만 비추어서 상대방의 상황을 '나쁘다'라고 전제한 대화는 발전이 있기 어려울 것입니다. 상대의 시선에서 세상을 바라보려는 태도가 다정한 표현이 될 수 있어요.

말을 언제, 어떻게, 얼마나 건네느냐는 정보의 타이밍에서 갈립니다. 아무리 좋은 정보라도, 타이밍이 맞지 않으면 부담되거나 상처가 될 수 있습니다. 똑같은 이야기여도, 전에는 이런 이야기를 듣는 것이 크게 힘들지 않았는데 지금은 소화되지 않는 메시지들이 있어요. 또는 전에는 듣기 힘들었던 이야기인데 지금은 아무렇지 않은 메시지들도 있죠.

예를 들어, 취업 준비로 연인이 지쳐 있는 상황에서 "이 자격증 따봐" "그 기업에 지원해 봐" 같은 말은 도움보다 압박으로 느껴질 수 있습니다. 이미 최선을 다하고 있는 사람에게 조언은 자칫 비난처럼 들릴 수도 있으니까요. '좋은 마음으로 좋은 정보 줄 수도 있지!'라고 생각할 수 있지만, 그 말이 상대에게 어떻게 들릴지는 알 수 없어요. 조언을 듣는 자체가 힘들 수도 있고, 이미 자신도 최선을 다하고 있어서 조언과 정보보다 때로는 적당한 무관심과 우회적인 응원이 필요할 수 있거든요. 어떤 정보든 건네는 태도와 타이밍에 배려를 담아야 합니다.

이렇게 말의 내용보다 '방식'과 '타이밍'이 더 중요한 순간이 있습니다. 결국 우리가 하고 싶은 말은 다음일 것입니다.

"조금만 나를 생각해 줘."

"네 입장도 이해하지만, 내 마음도 알아줘."

그렇다면 말의 방향은 '요구'가 아니라 '공감'으로 향해야 합니다. "왜 안 해?" 대신 "힘든 일 있었어?"이고, "그건 아닌 것 같아" 대신 "이렇게도 할 수 있구나!"이면 좋겠습니다.

공감으로 대화의 문을 열면, 우리는 서로의 말에 담긴 욕구와 의도를 오해하지 않고 들어주고 소화할 수 있게 됩니다. 덕분에 서로 자기 마음과 생각을 다정하게 주고받을 수 있는 용기도 더해질 것이고요. 여기서부터 진짜 이야기가 시작되는 것이죠.

똑 부러지지만 차가운 대화
: 초이성형

　상담심리학의 대가 버지니아 사티어는 "한 사람의 의사소통 패턴을 이해하면, 그 사람의 내면에 닿을 수 있다"고 말했습니다. 사티어는 우리가 관계 속에서 반복적으로 사용하는 말투, 표현, 반응 방식 등을 바탕으로 의사소통 유형을 다섯 가지로 나누었는데요. 바로 초이성형, 회피형, 비난형, 산만형, 일치형입니다.
　이제부터 이 다섯 가지의 소통 유형을 하나씩 살펴보려 합니다. 자신이 어느 유형에 가까운지, 혹은 사랑하는 사람의 말투가 어떤 패턴에 속하는지 떠올려 보세요. 이 분류는 평가하기 위해서가 아니라 따뜻하고 건강한 소통으로 나아가는 데 있어서 자신에게 어떤 시선과 태도가 필요한지 알기 위한 과정입니다. 서로를 향한 말의 결이 달라지면 관계가 더 다정해질 수 있으니까요.

"객관적으로 보면 이런 거야."
"그렇게 말하는 이유가 있어?"
"그건 당연한 거잖아."

이런 표현을 자주 쓰는 사람이라면, 감정보다 논리와 현실에 무게를 두고 대화하는 '초이성형'일 수 있습니다. 이런 사람에게서는 정보를 많이 얻는데, 정작 이 사람이 어떤 감정을 느끼고 있는지 파악하기는 어렵습니다. 자기 주장을 직접적으로 드러내기보다 수많은 사실과 정보를 나열하며 논리를 세우죠.

초이성형은 감정을 표현하는 것이 낯섭니다. 슬프고 외로워도 "이성적으로 판단하자"는 말로 자신을 수습하고 정리합니다. 감정이 복잡해질수록 오히려 더 논리적인 문장을 찾아내죠. 그래서 때로는 '차갑다' '딱딱하다'는 평을 듣지만, 이들은 누구보다 속이 복잡한 사람입니다. 마음을 정리하는 자신만의 방식이 '이성'일 뿐이죠.

이런 태도는 종종 억압적이고 통제적인 성장 환경과 연결되어 있습니다. 어릴 적 감정을 표현하면 "산만하다" "약하다" "조심해라"라는 말을 들었던 사람, 눈물을 보이는 대신 성적과 결과로 자신을 증명해야 했던 사람들은 어느 순간부터 감정보다는 규칙을 믿기로 합니다. 감정은 해답이 되지 않았고, 울음은 어른들의 화를 불렀기 때문이죠.

울어도 아무것도 바뀌지 않는다는 믿음이 초이성형의 말투와 태도에 녹아 있습니다. 그래서 이들은 자신의 감정을 감추고, 상대방의 감정도 잘 받아들이지 못합니다. 문제를 논리적으로 해결하려 하며, 관계 안에서도 감정보다 '이해'와 '해결'을 우선합니다.

사랑하는 관계에서도 마찬가지입니다. 가령 연인이 가족 이야기를 진지하게 꺼내면 초이성형은 그 주제를 슬쩍 다른 이야기로 돌립니다. 혹은 아주 멀리 돌아서 간접적으로 불편함을 표현하죠. 그렇게 감정을 피해 빙빙 돌다가, 어느 순간 말없이 거리를 둡니다. 그러면 연인은 이유도 모른 채 갑자기 멀어진 관계 앞에서 당황하게 되죠.

초이성형은 친밀해질수록 더 논리적이어야 한다고 믿습니다. 자신이 감정을 꺼내면 상대방이 부담스러워할까 걱정하고, 감정을 드러내는 것이 오히려 관계에 해가 된다고 생각합니다. 그래서 말보다 행동으로, 마음보다 판단으로 애정을 표현합니다.

하지만 관계는 '쓸모'보다는 '위안'에 기대어 유지돼요. "네가 같이 있어 주는 것만으로도 좋아." 이 말을 듣고 싶은 사람이 많다는 것을 초이성형은 자주 잊습니다.

그렇다면 초이성형의 사람은 어떤 연습을 할 수 있을까요? 감정 표현은 서툴러도 괜찮습니다. 다만, 다정한 훈련은 필요합니다. 초이성형이 관계를 위해 연습하면 좋은 네 가지는 다음과 같습니다.

첫째, 감정을 읽어 주세요. 감정은 쓸모없는 것이 아니라 관계의 가장 깊은 정보입니다. 감정은 표현되지 않아도 존재하고, 억눌러도 사라지지 않습니다. 상대가 속상해할 때 "그건 아니지"라고 반박하기보다 "정말 속상했겠구나"라고 먼저 말해 주세요. 그 감정에 동의하지는 않더라도, 그 감정 자체를 인정하는 것이 공감이고 위로입니다. 그리고 내 감정도 천천히 꺼내 보세요.

"가족에 대한 이야기는 내가 조절하기 어려워서, 그 주제가 나오면 예민해지는 것 같아."

"비난처럼 들리면 나는 마음을 닫고 싶어져. 감정을 좀 정리하고 이야기하고 싶어."

이런 문장은 초이성형의 사람들에게도 가능하다는 걸 기억하세요.

둘째, 꼭 전해야 할 말을 다정한 표현으로 골라 주세요. 열 가지의 정리된 논리가 떠오르더라도 그중 꼭 전하고 싶은 세 가지만 골라 보세요. 말의 내용을 '정확성'으로만 다듬지 말고, 말의 표정을 '다정함'으로 포장해 보세요. 논리는 마음을 설득할 수 없고, 결국 마음이 마음을 이해하게 하니까요.

셋째, 사소한 칭찬, 아무 날의 감사로 관계의 온도를 바꿔 보세요.

"오늘 입은 셔츠 색 참 잘 어울린다."

"어제 네가 고른 메뉴, 생각보다 맛있었어. 좋은 곳 알려줘서 고마워."

이런 말들은 부드럽게 기억 속에 남습니다. 초이성형의 사람일수록 이런 '소소한 표현'이 관계에 신선한 공기를 넣어줍니다. 정보만 오가는 대화는 보고서고, 감정이 오가는 대화가 관계입니다.

넷째, 대화에 담긴 비언어적 소통을 읽어내고 나도 비언어적 소통을 활용해 보세요. 말보다 중요한 건, 말이 아닌 '표정과 태도'일지 모릅니다. 사람들은 메시지 자체보다 말하는 사람을 들어요. 초이성형은 상대의 목소리 톤, 눈빛, 숨소리까지 귀 기울이는 연습이 필요합니다. 그리고 내 표정과 말투에도 온기를 담아야 해요. 감정은 논리보다 섬세하게 흘러가고, 그 흐름을 따라가 보는 것이 관계를 이어주는 감성의 기술입니다.

초이성형은 차가운 사람이 아닙니다. 그저 감정을 신중하게 다루는 사람일 뿐입니다. 이들은 감정을 감추지만, 결코 감정이 없는 사람이 아닙니다. 다만 따뜻하게 꺼내는 방법을 아직 익히지 못한 거죠. 감정은 약한 게 아니라 서로를 이어주는 진심의 끈입니다.

감정을 담은 다정한 한 마디가 관계를 바꾸고, 그 감정이 두 사람을 더 깊게 연결시킬 거예요. 감정은 설명하는 게 아니라, 함께 느끼는 것입니다.

모든 게 미안한 나
: 회피형

갈등을 피하다 못해 두려워하는 사람들이 있습니다. 누군가가 언성을 높이면 몸이 먼저 굳고, 다툼이 시작될 것 같으면 "그냥 내가 잘못했어"라며 얼른 마무리하려 합니다. 상황이 정리되면 다행이다 싶지만, 마음속에는 '정말 내가 잘못한 걸까?'라는 잔여 감정이 오래 남습니다.

이런 사람들의 입에서 자주 나오는 말은 이렇습니다.

"전 다 괜찮아요."

"죄송합니다."

"내가 할게."

자기 잘못을 인정하고 사과하는 건 성숙한 태도입니다. 하지만 늘 먼저 사과하고, 그 일의 맥락이나 의미는 다루지 않은 채 상황을 덮고 넘어가려는 것은 다릅니다. 이것은 자기 성찰이 아니라 갈등 회피입니다.

가끔은 내가 제3자인 상황에도 나서서 사과하는 사람이 있어요.

"제가 주문을 잘못했나 봐요. 죄송합니다."

"괜히 내가 여기로 오자고 했네. 미안해."

주문 실수로 불편한 상황이 생긴 자리에서, 자기 잘못이 아닌데도 사장님과 친구 사이에 나서서 사과하고 상황을 봉합합니다. 분명 중재가 필요한 순간이 있지만, 말해야 할 것을 말하지 못하고 넘기는 태도는 결국 같은 문제가 반복되도록 만듭니다.

회피형 대화의 밑바탕에는 인정 욕구와 버려질까 두려운 마음이 있습니다.

'이 문제를 꺼내면 혹시 날 싫어하게 될까?'

'지금이라도 내가 다 받아들이면 관계는 유지되겠지.'

그래서 빠르게 자기 탓을 하고, 빠르게 감정을 누르고, 빠르게 사과를 뱉어냅니다. 그런데 이런 태도가 오히려 상대에게 감정적 거리를 만들게 해요. 모든 걸 혼자 끌어안고 있는 사람은 결국 상대에게도 부담이 됩니다. '네가 원하는 대로 다 해줄게'라는 태도는 얼핏 다정해 보이지만 시간이 흐르면 '네가 모든 걸 결정해. 나는 따라갈게'라는 무기력함으로 받아들여집니다.

이런 회피형에게 필요한 건 섬세함을 연습하는 것입니다. 나를 위해서도, 관계를 위해서도요.

첫 번째, '빠른 사과'를 멈춰 보세요. 불편한 상황이 생겼을 때 "미안해"라는 말부터 꺼내지 말고, 내 감정을 먼저 살펴요. 진짜 미안해서가 아니라 이 불편함을 피하고 싶어서 사과를 내뱉으려고 했다면, 그 사과는 진심이 아니라 방어일 수 있습니다.

"내가 그런 선택을 한 데에는 이런 생각이 있었어. 그게 너에게 불편했을 수 있겠구나."

이렇게 감정과 상황을 이해시키고 나서의 사과가 오히려 더 깊은 신뢰를 남깁니다.

두 번째, '내 의견'을 말해 보세요. "넌 뭐가 좋아?"라는 질문을 늘 먼저 했던 사람이라면, 이제는 한 번쯤 "나는 이게 좋아"를 먼저 말해 보세요. 아무 생각이 없어도 일단 말을 꺼내는 연습을 해보는 거예요. 완벽하지 않아도 괜찮아요. 말해야 내 욕구가 보이기 시작합니다.

세 번째, '내가 원하는 것'을 자주 발견하세요. "그냥 아무거나 괜찮아"라는 말 속에는 사실 무언가를 고르고 책임지는 게 두려운 마음이 숨어 있어요. 그런데 가만히 생각해 보면, 당신은 매일 크고 작은 선택을 하며 살아왔습니다. 다만 그것을 자기 욕구로 인식하지 않았을 뿐이죠.

'나는 어떤 음식을 좋아하지?' '지금 내가 하고 싶은 말은 뭘까?' 이런 질문을 스스로에게 자주 건네 보세요.

네 번째, '좋은 사람'이어야 한다는 부담을 내려놓으세요. 누구에게나 착한 사람이고 싶고, 불편한 상황을 만들고 싶지 않은 마음은 이해합니다. 그런데 우리가 진짜 바라는 관계는 서로가 다 괜찮은 척하는 관계가 아니라, 있는 그대로의 나를 표현해도 되는 관계잖아요.

당신이 늘 양보하고, 사과하고, 이해하면 상대는 언젠가 이렇게 느낄 수 있어요.

"왜 네 마음을 말하지 않아? 왜 항상 네가 다 참아?"

당신의 다정함이 때로는 거리감으로 느껴질 수도 있습니다.

어릴 적, 부모님의 싸움을 말리기 위해 애써 웃었던 기억이 있다면, 그 웃음이 나를 위한 것이 아니었다는 것을 이제는 자신에게 말해줄 때입니다.

'그땐 어쩔 수 없었지만, 이제는 괜찮아. 나는 나를 지켜야 해.'

착한 내가 아니라 자기 감정을 이해하고 표현할 줄 아는 내가 더 깊은 사랑을 하고 더 건강한 관계를 만들어갑니다. 그러니 다음번에는 이렇게 말해보는 것이 어떨까요?

"내가 미안한 것도 있지만, 나도 할 말이 있어."

"이건 내 잘못이 아니야. 그건 말해두고 싶어."

"네가 내 마음을 좀 더 알아주면 좋겠어."

당신이 그렇게 한마디씩 꺼내야 진짜 대화가 시작될 수 있습니다.

"다 네 탓이야" 억울함이 많은 나
: 비난형

세상 억울할 일이 많은 사람이 있어요. 회피형이 "다 내 탓이야"라고 말한다면, 비난형은 "다 너 때문이야"라고 말하죠. 잘못을 저지른 상대에게 분노가 쌓이고, '그럴 수도 있지'라는 여유 없이 '왜 저래?'라는 생각부터 떠오릅니다. 그런데 신기하게도 비난형과 회피형은 자주 만나요.

회피형은 주도적인 비난형에게서 매력을 느끼고, 비난형은 회피형이 자신에게 동조해 줄 때 우월감을 느낍니다. 하지만 그 관계는 서로의 결핍을 건드릴 뿐, 결국 지치고 상처받습니다. 마음을 돌리지 않고는, 결국 나도 상대도 같은 자리에 오래 머무를 수 없어요.

비난형은 초이성형처럼 상황이 중요하지 않고, 회피형처럼 타인의 감정보다도 자기 감정이 가장 중요해요. "나는 맞고 너는 틀려"라는 시선으로, 상대방의 맥락을 읽지 못한 채 내 감정만을 중심에 두죠.

특히 가족처럼 가장 가까운 관계일수록 우리는 더 쉽게 비난형이 됩니다. 밖에서는 참는 말도 집 안에서는 툭 내뱉어요. 가족이라서, 사랑하기에 더 솔직해야 한다는 착각 속에서요. 그런데 가까운 사이일수록 더 조심히 다가가야 한다는 것을 우리는 잘 알고 있죠. 비난형은 이것을 고려하지 않고 말하는 순간이 많아요.

자주 흥분하고 화내고 지적하고, 말하다가 점점 목소리가 커지고, 감정은 걷잡을 수 없이 올라가죠. 스스로 느껴지는 화난 감정에 브레이크를 걸지 않고, 거친 말들을 쏟아냅니다.

그 안에는 '억울함'이 가득해요. '내가 뭘 그리 잘못했는데?'라는 반응은 방어이자 외로움의 표현입니다. 나도 몰랐던 내 상처가, 누군가를 상처 내는 방식으로 튀어나와요. 그렇지만 나의 상처가 누군가에게 상처를 줘도 되는 명분은 될 수 없습니다.

소중한 사람들의 곁에서 성내고 흥분하고 외롭고 싶지 않을 거예요. 자신이 비난형이라면 말을 다르게 해보는 연습이 필요합니다.

비난형의 사람에게 필요한 첫 번째 훈련은 '사람을 궁금해하는 마음'을 회복하는 것입니다. '왜 저래?' 대신 '저 사람은 왜 그런 말을 했을까?'라며 상대를 바라보는 눈길에 아낌을 담기 시작하면 표현도 달라집니다.

두 번째는 감사를 통해 마음을 스트레칭하는 것입니다. 하루의 끝에서 오늘 내가 고마웠던 일을 세 가지 떠올려 보세요. 그저 지나쳤던 친절한 말, 눈웃음, 그리고 따뜻한 점심 한 끼도 괜찮습니다. 자주 쓰지 않는 감정은 굳지만, 감사와 기쁨은 자꾸 건드릴수록 경직되어 있던 마음 전체를 풀어 주는 효과가 있습니다.

세 번째는 감정의 속도를 늦추는 것입니다. 말을 '쏟아내고 있다'고 느껴진다면 잠시 멈춰 보세요. 목소리를 낮추고, 의도적으로 말의 속도를 늦춰 보세요. 감정은 말의 속도를 따라가게 되어 있어요. 나의 입이 감정의 브레이크라고 생각하고 멈추는 것입니다.

비난형의 말은 결국 사랑을 잃고 싶지 않다는 마음에서 나옵니다. 상대를 밀어내기 위해 내뱉은 말이 아니라, 내가 상처받았다는 신호일지도 몰라요. "다 너 때문이야"라는 말 안에는 "나 좀 알아줘"라는 마음이 숨겨져 있죠. 그래서 나의 말이 상대를 멀어지게 하고 있지는 않은지 확인하기 위해 멈추어 보는 거예요. 사랑하기 때문에, 더 좋은 말로 연결될 수 있도록요.

갈등을 피하려고 딴소리하는 나
: 산만형

갈등이나 어려운 상황을 마주하기 힘든 마음은 회피형과 비슷하지만, 산만형은 그 상황을 아예 다른 이야기로 바꾸어 버리려는 유형입니다. 예를 들어, 자꾸 늦는 문제로 다툼이 생겼고 이 문제에 대해 진지하게 이야기하자고 했는데, 산만형은 이렇게 말하곤 하죠.

"일단 우리 맛있는 거 먹고 이야기하자. 이거 네가 좋아하는 거잖아."

복잡한 이야기를 마주하고 싶지 않아서, 진심을 나누는 일이 간지럽고 불편해서 피하려고 합니다. 어쩌면 그 뒤에는 불안을 참지 못하는 마음과 정서적 긴장이 숨어 있을 수 있습니다.

그들은 편한 주제만 골라 대화하고 싶어 해요. 하지만 친밀해질수록 때로는 불편한 주제를 나누게 됩니다. 예를 들어 결혼을 앞두고 있다면 돈 문제나 자녀 계획 같은 현실적인 이야기들을 나눠야 합니다. 산만형은 그 중요한 순간에서조차 분위기를 전환하고 싶어 해요. 산만형의 대화를 오해하면 이렇게 해석되기도 합니다.

'나와의 관계를 진지하게 생각하지 않는 걸까?'

사회생활에서는 산만형이 유쾌하고 에너지가 넘치는 이미지로 비춰지기도 합니다. 경직된 분위기를 풀어주는 역할을 하니까요. 그런데 심각한 상황에서도 "아이~ 왜 그러세요~" 같은 농담으로 넘어가려고 하면 문제를 직면하지 못하거나 눈치 없는 사람이라는 평가를 받기도 합니다. 진심을 다룰 줄 모른다는 인상은, 오랜 관계에서 오해를 불러오기 쉽습니다. 자기 생각이 정리되지 않으면 진지한 대화를 이어가기도 어렵습니다.

자꾸 피하려는 것은 어쩌면 내 마음속 불안을 다루기가 벅차서일지도 모릅니다. 그 불안을 직면하고 상대와 나누었을 때 버려질까 봐, 소외될까 봐 두려운 마음이 숨어 있을 수 있습니다. 아무 말도 하지 않으면, 상대는 내 마음 대신 침묵을 해석하게 됩니다.

산만형은 어떻게 조금씩 자기 안의 정리되지 않은 감정을 마주할 수 있을까요? 불편함을 피하는 대신 불편함을 다루는 연습이 필요합니다.

첫 번째, 한 가지 생각을 3분만 이어가 보세요. 문제가 되는 주제를 피하지 말고, 딱 3분만이라도 생각을 붙잡아 보세요. 머릿속이 복잡하다면, 노트에 적는 연습도 도움이 됩니다. 생각을 종이에 옮기는 순간, 감정이 한 걸음 내려앉습니다.

두 번째, 상대의 말을 내 말로 정리해 보세요. 불편한 말을 넘기고 싶은 마음이 들겠지만, "그러니까 너는 늦는 내 모습이 너무 속상했구나"처럼 상대의 말을 내 언어로 정리하는 연습을 해보세요. 이건 듣기의 기술이기도 하고, 존중의 표현이기도 합니다.

세 번째, 자기 의견을 섬세하게 표현하는 훈련을 해 보세요. 진지하게 내 의견을 말하면 분위기가 더 어두워질까 봐 무섭다는 마음이 들 거예요. 이런 감정을 피하지 말고, 그 두려움조차 말로 표현해 보세요.

"분위기가 가라앉을까 봐 걱정되긴 하지만, 그래도 오해하지 않도록 말하면 이런 거야."

자기 생각을 말하지 않는 관계는 결국 허공에 대화하는 것 같은 외로움을 남깁니다. 관계는 피하고 싶은 마음을 딛고 불편함을 솔직하게 나누면서 깊어집니다. 가끔은 그 솔직한 한마디가 당신과 누군가를 더 진심으로 이어주는 다정한 실마리가 되어줄 수 있습니다.

나도 너도 다 중요하다고 생각하는 나
: 일치형

일치형은 우리가 마음속으로 그리는 이상적인 대화의 모양입니다. 좋은 말만 해주는 회피형도 아니고, 자기주장만 앞세우는 비난형도 아니며, 냉철한 이성만 내세우는 초이성형도 아니고, 농담으로 진심을 피하려는 산만형도 아닙니다. 일치형은 필요할 땐 상대방의 마음에 발을 맞추고, 중요한 순간에는 자기 생각을 분명히 표현할 줄 아는 대화입니다. 답이 필요한 상황에서는 차분하게 조언하고, 지나치게 가라앉은 분위기에는 가벼운 농담으로 공기를 부드럽게 만들기도 하죠.

좋은 대화를 이끄는 일치형의 핵심은 솔직함, 존중, 눈치 이 세 가지의 균형에 있습니다. '나'도 중요하고, '너'도 중요하고, '지금 이 순간'도 중요하다는 전제를 품은 대화죠. 우리는 이런 사람을 두고 종종 "센스 있다"고 말합니다. 자신의 욕구를 분명히 표현하면서도 타인의 감정을 잘 헤아리고 배려하는 사람, 이런 사람을 보면 신뢰하고 싶어지는 온도가 있어요.

'일치형'이라는 이름은 속마음과 말하는 내용이 서로 같다는 뜻에서 나왔습니다. 좋으면 좋다, 싫으면 싫다고 합니다. 좋은데도 화를 내고, 싫은데도 웃는 사람과는 다릅니다. 이들은 감정을 무조건 참지 않아요. 하지만 표현에 있어서 적정한 선을 지킬 줄 압니다.

그 밑바닥에는 사람에 대한 깊은 존중이 자리해요. 존중은 목소리의 크기가 아니라 표정과 눈빛과 기다림 속에 숨어 있어요. 지금 화가 나더라도 내가 상대를 사랑한다는 사실을 전제하므로 그 사랑 안에서 적정한 크기로 감정을 표현할 줄 아는 것이죠.

좋은 관계에서도 갈등은 생깁니다. 이때 일치형은 내가 불편한 감정을 말해도 상대가 날 떠나지 않을 거라는 믿음을 바탕에 두고 대화합니다. 갈등이 있어도 떠나지 않을 사람이라는 믿음이에요. 동시에 내 감정도 존중받아야 한다는 자기 확신이 있죠. 이는 자존감에서 나옵니다. 그리고 자존감은 좋은 대화 속에서 자라기도 합니다.

때로는 내가 먼저 일치형의 언어를 써보는 것으로 대화의 갈등을 풀어낼 수 있어요. 그러면 듣는 사람은 자신이 꽤 괜찮은 사람처럼 느껴지고, 다정하게 바라봐 주는 시선에서 자신을 건강하게 만들어 가고 마음을 키워 갑니다.

저도 가끔 대화를 어떻게 시작해야 할지 막막한 순간이 있어요. 그럴 땐 이렇게 생각합니다.

"임산부에게 말을 건네듯 하자."

우리는 임산부에게 조심스럽게 말해요. 그 사람이 지닌 생명을 소중히 여기기 때문입니다. 불안하지 않게, 상처받지 않게, 부드러운 말투와 다정한 눈빛으로 말을 건넵니다. 예쁜 그릇에 담긴 말은 조금 쓴 약도 천천히 삼킬 수 있게 해줘요. "이게 얼마나 귀한 건지 알아?"보다는 "널 위해 가장 좋은 걸로 준비했어"라고 말하면 똑같은 마음도 전혀 다른 감정으로 받아들여지듯요. 말의 태도를 바꾸면 관계의 온도가 바뀝니다.

어떤 대화는 우리 기억 속에 대화의 내용보다 그때의 표정과 눈빛으로 남습니다. 매서운 말보다 아팠던 그 눈빛, 혹은 아무

말 없어도 따뜻했던 시선이 떠오르기도 하죠. 그래서 중요한 메시지일수록 예쁜 말과 다정한 눈빛에 담아 보길 바랍니다. 마음에 오래 머물게 되는 말은, 논리가 아니라 다정함으로 전달되는 것들이에요. 그래서 좋은 소통은 기술이기도 하지만 결국 사람에 대한 '태도'를 전제로 합니다.

당신의 말이 예쁜 그릇에 담겨 있다면, 그 사람은 언젠가 그 말을 꺼내 보며 당신을 더 깊이 사랑하게 될 것입니다.

잘 듣는 관계는 끊어지지 않는다

'화학평형'이라는 자연의 법칙이 있어요. 자연은 균형을 맞추는 것을 좋아해요. 우리가 무리해서 쉬지 않고 일하면 몸이 아파요. 쉬어야 해서 몸이 아픈 것이죠. 슬퍼해야 할 일을 겪었는데 슬픔을 외면하면, 결국 어떻게든 그 슬픔이 밖으로 나옵니다. 갑자기 몸이 아프거나 갑작스레 마음이 다운되거나 잠을 못 자는 등의 증상이 나와요. 그래서 우리는 내 몸에 좋은 인풋을 넣어서 좋은 아웃풋이 나오게 하려고 노력하죠.

대화도 그렇습니다. 균형이 중요해요. 한쪽에서 자신의 관심사를 표현할 수 있지만, 대화는 주고받는 과정이기 때문에 상대방의 관심사에도 귀를 기울여야 합니다.

대화가 잘 통하기 위해 어떤 말을 어떻게 전달할 것인가를 고려하는 것이 중요하지만, 잘 들어 주는 것도 매우 중요합니다. 내가 어떤 말을 할 때 상대가 내 말에 귀 기울이고 있다고 느끼면, 나는 소통하는 시간을 즐기게 됩니다. 함께하는 시간이 더 행복해지죠. 상대방에게 다소 생소한 주제여도 나의 관심사를 기억해 주고 궁금해할 때, 나는 그 사람을 더 신뢰하게 되고 더 깊은 속마음까지 꺼내게 됩니다.

때로는 누군가 내 말을 잘 들어줄 때 자신도 몰랐던 속마음을 발견하게 됩니다. 듣는다는 건 말하는 사람의 마음을 정리해 주는 일이기도 해서요. 사람들은 대부분 자신이 잘 듣는다고 생각해요. 하지만 상담이나 세미나를 진행해 보면, 상대의 말을 정확히 이해하고 피드백까지 주는 경우는 매우 드뭅니다. 잘 듣는다는 건, 단순히 귀로 듣는 것이 아니라 마음으로 맥락을 읽는 일이거든요.

잘 듣는다는 것, 즉 듣는 기술을 다음의 다섯 가지로 정리해 볼 수 있습니다.

첫 번째 듣는 기술은 궁금해하는 마음을 갖기입니다. '무슨 말을 하려는 걸까?'라는 마음으로 들어야 놓치지 않습니다. 아무 생각 없이 그냥 들으면 우리는 상대방의 말에서 핵심을 놓치기 쉬워요.

특히 초이성형이나 회피형의 사람과 대화해 보면 핵심부터 말하지 않아요. 감정이나 욕구를 일반적인 정보에 숨겨 말하죠. 그래서 정보를 들을 때 '왜 이 말을 꺼냈을까?' '어떤 맥락에서 이 이야기를 하는 걸까?' 하고 호기심을 가져야 합니다. 호기심은 대화를 놓치지 않게 해주는 가장 좋은 집중 장치입니다. 말을 잘한다는 건 사람을 감동시키는 능력일지 모르지만, 잘 듣는 사람이 있어야 말하는 사람이 더 잘 표현할 수 있도록 힘을 줍니다.

두 번째 듣는 기술은 대화의 포인트를 정리해 확인하는 것입니다. 대화에 참여한 두 사람 중 한 사람이라도 대화의 중간중간에 포인트를 짚어 내 맥락을 확인하면, 서로 같은 방향의 대화를 이어갈 수 있어요. 막연하게 추측만 하기보다 한 번은 확인하고 가면 좋습니다.

"어제 있었던 일이 계속 마음에 남는구나?"

이런 말 하나로 대화의 방향이 정리되고, 오해도 줄어듭니다.

말하는 사람이 핵심을 먼저 말하는 두괄식 표현을 하면 집중해서 잘 듣도록 안내하기 쉽습니다. 사람의 집중력은 생각보다 길지 않아서, 핵심부터 말하면 잘 듣게 돼요. 적어도 두괄식으로 말하면, 집중할 포인트가 뭔지는 알아들을 수 있거든요.

"앞으로 또 다툴 일이 생기면 이런 점은 서로 조심하자."

이렇게 목적을 분명히 말하면, 듣는 사람이 맥락을 좀 더 잘 따라갈 수 있겠죠.

세 번째 듣는 기술은 특정 단어에 걸려 넘어지지 않는 것입니다. 단어 하나에 대화가 매몰되는 경우가 있어요.

"너 지금 XX라고 했어? XX라고?"

이렇게 특정한 말에 걸려서 흥분하는 지점이 생기죠. 특히 상대방이 나에게 조언이나 불만을 표현하다가 과격한 단어 하나가 섞이면, 그동안 나눈 전후 맥락은 없어지고 그 단어 하나만 가지고 다툼이 일어나는 경우가 많습니다. 감정이 실린 대화에서는 예기치 않게 튀어나오는 표현들이 있어요. 그 단어 하나를 붙들고 싸움이 벌어지면, 전체 맥락은 증발하고 갈등만 남게 되죠.

저 역시 언어에 민감해서 종종 단어에 꽂히는 편이지만, 그 단어가 습관인지 의도적인지 먼저 구분하려고 합니다. 중요한 건 단어가 아니라 대화의 맥락임을 상기하죠. 만약 정말 걸리는 표현이 있다면, 대화가 끝난 후 조심스럽게 알려줄 수 있습니다.

"알겠어. 그런데 네가 흥분하면 '미치겠어'라는 말을 자주 쓰더라. 나도 듣는 입장에서 그 말이 나오면 더 감정이 격해지는 것 같아. 그 말을 듣기가 힘들어."

왜 잘 들으려고 하나요? 대화가 잘 이루어지기 위해서요. 대화가 잘 통해야 하는데 왜 말로 씨름하게 될까요? 이후에는 잘 맞추고 싶어서요. 나도 잘 맞춰 주고 싶고, 상대방도 나에게 이런 부분은 맞춰 주었으면 하는 것이죠. 적어도 같은 문제로 힘들지 않으려고 지금 이 어려운 씨름을 하는 거예요. 불편한 상황을 마주하기로 한 용기죠.

서로 잘 맞추어 가겠다는 목적을 계속 떠올려야 해요. 상대방에게도 이런 목적을 대화 중에 한 번씩 확인하면 좋아요. 상대방의 이야기를 듣다 보면 과도하게 억울해하고, 말에 왜곡도 있을 수 있어요. 그런데 지금 국어시간이 아닌 이상, 그런 부분을 교정하는 게 포인트가 아니잖아요. 표현 하나에 꽂혀서 대화가 진행되지 않으면, 우리는 결국 다시 이 씨름을 시작하게 됩니다. 그래서 일단 대화는 진행되도록, 단어보다 맥락에 집중하는 것이 좋습니다.

네 번째 듣는 기술은 상대의 수고를 인정해 주는 것입니다.
"나를 위해 고민해 줬구나."
이 한마디는, 그 사람이 했던 감정의 소모와 노력을 따뜻하게 받아주는 응답이에요. 말하는 사람은 자신이 전한 메시지가 잘 전달되었다고 느끼면, 자연스럽게 신뢰의 대화로 이어갑니다.

말하는 사람에게는 듣는 사람이 잘 듣고 있다는 인정이 필요해요. 듣는 사람은 비록 전달받은 내용이 불편했어도, 말하는 사람이 그 말을 꺼내기까지의 고민과 용기와 노력을 인정해 주기를 바랍니다.

"네가 진지하게 고민하고 말한 거 알아. 고맙고, 네 마음도 느껴져."

이런 말은 '네 의견에 동의한다'라는 뜻이 아니라, '네 진심을 들었다'라는 확인입니다. 이 과정만 지나도, 상대는 자기 말이 무시당하지 않았다는 안도감을 느껴 긴장을 풀게 됩니다.

상대가 굳이 이렇게 불편한 마음을 꺼낸 데에는, "너 별로야" "넌 못됐어"라는 결론으로 당신을 지적하기 위해서가 아니라 "우리의 관계를 위해 이런 부분을 다루자"라는 핵심 메시지가 숨겨져 있는 것이잖아요. 혹여 그 내용으로 내 기분이 안 좋고 듣기 싫을 수 있어요. 그런데 그 내용에 대해서는 차치하더라도, 일단 상대방이 나와 우리 관계를 지속하기 위해 고민했던 그 시간과 수고를 인정해 보세요.

상대를 인정해 준 다음에 내 의견을 말해도 늦지 않아요. 이후 내가 상대방과 다른 의견을 말해도, 상대는 그것을 반박이라고 생각하지 않고 의견 표현이라고 받아들일 여지가 생깁니다. 그러면 이 대화는 다툼이 아니라 의견 조율이라는 방향으로 잘 이어지게 되죠.

다섯 번째 듣는 기술은 내 의견을 정돈해서 잘 표현하는 것입니다. 상대의 말에 진지하게 귀 기울였다는 것을 보여 줄 수 있어야 대화가 '잘 통했다'는 감각이 생깁니다.

"네가 내 소비 습관에 대해 말한 것 잘 들었어. 나를 아끼는 마음에서 나온 이야기라는 것도 알겠어. 이 부분은 주의할게.

다만 그걸 너무 비난하듯 말하니까 서운했어. 나도 노력 중이라는 것을 너도 알 거라 생각해. 그래서 조금 더 격려하면서 말해 주면 좋겠어."

이런 표현은 방어도 공격도 아닌, 조율의 언어입니다. 상대방이 말한 바에 대한 옳고 그름을 전제로 대화하지는 마세요. 여기서는 팩트가 중요한 게 아니거든요. 그냥 상대의 시선이 그렇다는 것을 읽어내면 됩니다. 그걸 수용할지 아닐지는 내 몫이고, 지금 듣는 사람으로서의 내 역할은 상대방의 메시지를 알아차려 주는 것이니까요.

때로는 "알았어"보다 "애썼어"라는 한마디가 더 깊은 위로가 됩니다. 상대방이 말한 내용에 찔림이 클수록 더 날카로운 반응이 나오기도 해요. 그래서 방어적이고 반사적으로 상대방의 잘못도 꺼내서 지적하고 싶은 욕구가 나올 수 있어요. "너는 뭐가 그렇게 잘났다고 그래?" "너도 이런 적 있잖아!" 이렇게요. 그러면 대화가 싸움으로 가죠.

감정을 컨트롤한다는 것이 너무 이상적으로 들릴 수 있지만, 대화의 방향성을 생각하면 어렵지는 않아요. 그 감정을 선택하기 전에, 방향을 떠올려야 합니다.

'우리가 이 갈등과 대화를 통해 무엇을 남길 것인가.'

지금 이 순간, 완벽한 해결이 아니라 '나는 너를 이해하려고 노력하고 있어'라는 메시지를 나눌 수 있다면, 그것으로 충분합니다. 이게 핵심입니다. "네가 뭔데 지적질이야!"라고 반박하는 것이나, 상대방의 지적이나 의견을 다 수용하는 것은 대화의 목적이 아니에요. 상대방이 그렇게 생각하고 있다는 것을 알아채는 것, 그리고 그것을 다시 들려주는 것이면 됩니다.

얼마나, 어떻게 수용할지는 아마도 혼자 곱씹으면서 결정하게 될 거예요. 나도 걸렸던 내 부정적 모습이라면 조금 고치기로 조율할 것이고, 소화되지 않는 것이라면 고민한 후에 상대를 설득하는 과정으로 들어가게 되겠죠.

때로는 팩트 체크보다 상대방이 나를 사랑해서 전하는 말이라는 믿음이 더 중요해요. 그런 믿음을 전제로 대화를 들으면, 상대방의 표현이 서툴고 답답해도 뭔가 궁금해지게 됩니다.

'이 사람이 생각하는 우리의 모습은 어떤 것일까.'
'우리는 서로에게 어떤 성장을 바라는 것일까.'

이 호기심이 담긴 질문이 대화와 관계에 전제되어 있다면, 우리의 대화가 다소 위기를 맞더라도 이내 좋은 감정을 남기고 마무리할 수 있을 것입니다.

듣는 기술은 특별한 능력이 아닙니다. 마음을 들여다보는 연습, 그리고 사랑하는 관계를 잘 지켜내려는 다정한 노력이죠. 서툰 말 속에서라도 진심을 알아보려고 귀를 기울이고, 상대의 온도를 읽으려는 사람이 있다면, 그 관계는 결코 쉽게 무너지지 않습니다.

우리가 잘 들으려는 이유는, 결국 서로를 더 오래 보기 위해서입니다. 듣는다는 건, 상대의 마음에 머무는 연습입니다.

거절할 수 있어야
오래 사랑할 수 있다

　우리는 왜 거절을 이렇게 어렵게 느낄까요? 거절하는 것도, 거절당하는 것도 참 어렵습니다. '거절'이라는 단어에는 무언가 크고 센, 심지어는 무례한 이미지까지 겹쳐져 있죠.

　하지만 잘 알다시피, 우리는 누군가의 모든 요구를 들어줄 수 없습니다. 모두에게 '예스'라고 말하다 보면, 정작 자신에게는 '노'라고 말하게 되죠. 그래서 우리는 상처 주지 않고 불편하지 않게 거절하는 방법을 고민해야 합니다.

　'거절 잘하는 법'을 익히기 전에, '거절'의 의미를 한번 짚고 갔으면 좋겠습니다. 거절은 멀어지자는 말이 아니라, 내가 진짜 나로 머무르기 위한 선택이에요.

　보통 우리는 거절을 '제안을 부인하는 행위'라고 여깁니다.

"밥 먹을래요?"에 "아니요, 따로 먹겠습니다"라고 답하면, 제안한 사람을 거부한 것처럼 느끼는 경우도 많고요. 하지만 제안이 상대의 의사 표현이었다면, 거절 또한 나의 의사 표현입니다. 우리는 서로의 생각을 주고받았을 뿐이에요.

나 자신을 존중하기에 싫은 걸 싫다고 말할 수 있어야 해요. 상대를 존중하므로 그 말에 잘 반응할 수 있어야 하고요. 사랑하는 관계일수록 거절은 더 조심스럽고 부담스럽습니다. 상대가 실망할까 봐, 나쁜 사람처럼 보일까 봐, 관계에 금이 갈까 봐 두려워져요. 하지만 이 마음속에는 좋은 사람 콤플렉스와 상대의 감정을 책임지려는 과잉의식이 숨어 있기도 합니다.

그래서 거절에는 기술이 필요해요. '예스'만큼 '노'도 품위 있게 말할 수 있어야 하니까요.

거절을 잘하는 첫 번째 방법은 애매하지 않게 말하는 것입니다. 할 수 없는 일을 할 수 있을 것처럼 말하면, 그것은 희망 고문이 됩니다. 답변은 다음 중 하나로 명확한 것이 좋습니다.

① 가능하다, 가능하지 않다.
② 가능하지만, 타이밍이 맞아야 한다. 언제 할지 조율해 보자.

③ 지금은 어렵지만, 다른 방식으로는 가능하다.

명확한 언어는 배려입니다. 거절은 불편하지만, 불확실함은 더 큰 상처를 남깁니다.

거절을 잘하는 두 번째 방법은 비언어적 소통을 섬세하게 활용하는 것입니다. 같은 말이라도 목소리의 톤, 눈빛, 표정, 제스처를 바꾸면 그 말은 훨씬 더 따뜻하고 안전하게 전달됩니다.

거절은 말하는 방식으로 상처를 줄이기도, 키우기도 합니다.

거절을 잘하는 세 번째 방법은 거절에 대한 오해가 생기지 않도록 설명하는 것입니다. 우리는 거절이 '자기 표현'이라는 맥락을 이해했지만, 상대는 그렇지 않을 수 있어요. 그래서 말해주어야 합니다.

"지금 못하겠다고 말한 건, 네가 싫다는 게 아니야. 단지 그 일은 나에게 무리라는 생각이 들어."

굳이 설명해야 하냐고 물으면, 그게 제안을 받아들이지 않는 사람에 대한 다정한 반응일 수 있어요. 어쨌든 상대방은 거절감을 느낄 것이고, 나는 거절을 주는 입장이 되었기 때문입니다.

이런 짧은 설명만으로도 내가 사랑하는 사람에게 불필요한 상처를 줄이겠다는 마음이 전달됩니다.

거절을 잘하는 네 번째 방법은 방어하지 않고, 상대를 비난하지 않는 것입니다. 제안을 거절하면서 상대를 비난하다니, 이해가 안 되나요? 이는 우리가 흔히 저지르는 실수 중 하나입니다. 상대방에게 거절감을 줘야 하는 내 마음의 불편함을 줄이려고 방어적인 태도를 보여요. 그 불편한 마음을 갖게 만든 상대방의 제안을 비난하는 것이죠.

"넌 사귀는 여자친구마다 한 달도 안 돼서 여행 가자고 해? 우리 관계에서 너무 과한 제안 아니야?"

이런 말들은 거절보다 훨씬 큰 감정의 상처를 남깁니다. 거절은 나의 결정일 뿐, 상대가 잘못한 것은 아니라는 사실을 기억해요. 지금 우리는 낯선 사람이나 내 바운더리 밖에 있는 누군가와 대화하는 것이 아니에요. 내가 사랑하는 사람과의 관계에서 벌어지는 수없이 마주해야 할 소통의 과정일 뿐이에요. 그래서 나의 불편감을 피하려고 방어적인 태도를 보이지는 않기를 권합니다.

거절을 잘하는 다섯 번째 방법은 불편한 감정을 감당하기입니다. 거절은 감정을 남깁니다. 상대는 섭섭할 수 있고, 나는 미안할 수 있어요. 그 감정을 '어쩔 수 없지' 하고 밀어내지 말고, 같이 견뎌 주세요.

"서운할 수 있겠다."

"미안한 마음이 드는 건 어쩔 수 없네."

거절의 말이 끝이 아니라, 그 이후에 남는 감정의 여백을 함께 지켜보는 것이 친밀함입니다.

관계는 모든 제안에 '예스'라고 말해야 유지되는 것이 아닙니다. 오히려 진짜 좋은 관계는, '노'를 말해도 떠나지 않는 사이에서 자랍니다. 거절은 '사랑하지 않기'가 아니라, '억지로 사랑하지 않기'의 한 모습이니까요.

말하지 않아도 안다?
그런 관계는 없다

우리는 왜 부탁이나 제안을 했을 때, 들어주지 않으면 서운할까요?

'남도 아니고 내가 한 부탁인데, 그게 뭐 어렵다고!'

이런 생각이 들 때, 마음 한편에는 상대가 나를 좀 더 배려해주었으면 하는 바람과 기대가 숨어 있어요. 그런데 여기서 우리가 자주 놓치는 것이 하나 있습니다. 내가 무언가를 부탁하거나 제안하는 것은 결국 상대가 어떤 수고를 하게 되는 일이라는 거예요. 아무리 사소해 보여도, 상대는 자신의 루틴을 바꾸거나 새로운 노력을 시작해야 하죠.

그렇다고 이 요구가 상대에게 수고로움과 부담이 될까 봐, 혹은 말하지 않아도 알겠지 하고 참기보다는 말하는 용기가 관계에 도움이 됩니다. 대신 그 부탁이나 요구나 제안을 건네는 것은 조심스럽고 정중해야 합니다.

여기서 우리가 고민하는 부탁과 요구와 제안은 "나 물 한 컵만 따라 줘"와 같은 단순한 일은 아닐 거예요. 내가 원하는 어떤 면을 보고 싶어서, 예를 들면 연락을 조금 더 자주 하고 싶거나, 담배나 술을 줄였으면 좋겠다거나, 비속어를 쓰지 않았으면 좋겠다거나, 미술관을 함께 가고 싶다거나 등등 내가 원하는 방향으로 상대방이 무언가를 해주었으면 하는 것이죠.

상대방을 위한 일이라고 해도 조심스러운 것은 마찬가지입니다. "네 손이 너무 텄어. 손 씻고 나면 꼭 핸드크림을 발라" "영양제 줄 테니까 점심 먹고 꼭 먹어"라는 것도, 상대방을 위한 제안이지만 상대는 기존에 하지 않던 수고와 노력을 해야 하므로 쉬운 일이라고 전제하면 안 됩니다. 명령하듯 말하거나 당연히 들어줘야 한다고 생각하면 대화가 어려울 수 있어요. 그래서 '~해 보자' '~하면 어때?'라는 권유형으로 말하는 것이 좋습니다.

친한 사이일수록 명령하듯 조언을 건네는 일이 많은데, 이런 말의 뉘앙스가 한 번, 두 번 쌓일수록 마음에 거리감이 생길 수 있습니다.

"너 그런 식으로 하지 마." "너 그거 별로야."

말하는 사람 입장에서는 상대방을 누구보다 잘 알기 때문에 나만이 줄 수 있는 조언이라고 생각해서 말하는 형식은 신경쓰지 않지만, 듣는 사람은 내용보다 명령하듯 들리는 상대방의 목소리가 먼저 입력되거든요.

무언가를 요구하기 전, 자신에게 먼저 물어야 할 세 가지 전제가 있습니다.

첫째, 나의 요구가 거절당할 수 있음을 예측해야 합니다. 내가 거절당할 마음의 준비를 하고 요구하는 것과, 당연히 들어주리라 생각하고 요구하는 것은 완전히 달라요. 상대방이 자기 의사를 표현할 수 있는 여지도 달라지고, 내가 거절당했을 때 느낄 수 있는 부정적 감정을 다루기도 쉬워집니다.

둘째, 당연한 요구는 없다는 전제를 가져야 합니다. 이런 전제가 왜 필요할까요? 우리는 보통 연인에게 어떤 부탁을 하면 당연히! MUST! 들어줘야 한다고 생각해요. 당연하다고 생각해서 그 부탁을 들어줘도 그리 기쁘지 않아요. 이건 마치 선물을 받는데 심드렁하게 반응하는 것과 비슷하죠. 연인은 '나'

와 '너'가 만나 '우리'로 묶인 사이지만, 그렇다고 한 사람은 아닙니다. 같은 의견일 수 없어요. 다른 의견이 있을 수 있죠. 그래서 당연하지 않은 요구를 들어주었으니 '고맙다'는 마음을 가져야 해요. 부탁했을 때 들어주면 '감사한 일'이지 '당연한 일'은 아니에요. 그래서 들어주면 기뻐하고, 안 들어주면 그럴 수 있다고 의연하게 받아들였으면 합니다.

셋째, 이 요구는 나의 욕구임을 인정해야 합니다. 우리는 종종 "너를 위해서 하는 말이야"라고 말하죠. 하지만 그 안에는 나의 바람과 기대, 나의 결핍이 담겨 있어요. 그래서 상대가 그 요구를 들어줬을 때, 우리는 고마워해야 해요. 상대는 나를 위한 배려로 그 행동을 한 것도 있으니까요.

누군가에게 요구한다는 건, 사랑을 조금 더 믿어 보겠다는 뜻이기도 합니다. 당신에게 받아 보고 싶은 마음, 당신의 사랑이 여기까지는 담아낼 수 있을 것이라는 기대 등이 요구로 전달되고는 하죠. 거절당할까 두려워도 그 제안을 하는 이유는, 그 사람이 나의 결핍까지 이해해 줄 거라고 믿고 싶어서예요. 단, 맡겨놓은 것을 찾듯이 당연하게 요구하거나, 사랑을 테스트하는 용도로 요구하는 것은 상대를 지치게 할 수 있습니다.

좋은 요구는 상대에게도 행복감, 유능감, 관계의 단단함에 영양분이 됩니다. 그렇다면 어떻게 요구해야 할까요?

요구를 잘하는 첫 번째 기술은 구체적이고 실현 가능한 것을 담는 것입니다. 예를 들어서 막연하게 "나한테 잘해"라고 하면 상대방은 이 수수께끼를 풀지 못할 수 있어요. 이건 좋은 요구가 아닙니다. 그래서 "아침에 출근할 때 잘 도착했다고 안부 문자 줄 수 있어?"라는 식으로 구체적인 내용을 담아야 합니다.

또한 해볼 만하고 노력해 볼 만한 것들이어야 합니다. 그래야 상대방도 시도하려고 합니다. 엄두도 못 낼 것 같은 제안을 받으면 거절은 물론, 오히려 배려 없는 제안에 대해 기분 나빠할 수 있어요. 분명한 이유가 있어서 먹지 않는 음식이 있는데, 나는 몸에 좋다는 이유로 계속 먹으라고 하면 상대는 그것을 제안이 아니라 자신에 대한 이해와 관심 부족이라고 생각하지 않을까요?

요구의 내용에는 평소 상대방이 다짐했거나 마음먹었던 것들을 헤아려서 제안하면 더 좋습니다. 그러면 제안받은 사람은 단순히 '너를 위해 내가 해 준다'는 반응이 아니라, 우리의 관계를 위해 자신이 어떤 방향으로 갈 것인지를 함께 고민하는 시간으로 여기게 될 거예요.

요구를 잘하는 두 번째 기술은 꽤 중요합니다. 상대방이 나의 제안을 들어주었을 때 기쁘고 감사하다는 반응을 돌려주는 것입니다. 앞서 요구를 건네기 전에 필요한 전제에서 살폈듯이, 상대방에게 어떤 제안을 할 때는 거절할 수 있다는 예측을 해야 합니다. 내가 어떤 의견을 가지고 제안하듯, 상대방도 어떤 의견을 가지고 거절할 수 있어요. 그럼에도 해내겠다고 마음먹고 행동을 바꿔 주었잖아요. 감사하고 고마운 일입니다. 상대가 보여 준 변화 하나가, 사랑을 확인하는 시간처럼 여겨지게 되죠.

상대방도 기쁘고 감사하게 반응하는 내 모습에서 좋은 영향을 받습니다. '내가 이 사람을 기쁘게 해줄 수 있구나'라는 감정은, 다음번에도 해주고 싶게 만들어 선순환을 이룹니다. 더 원하는 대로 해주고 싶고, 더 노력하고 싶은 마음이 들 거예요. 상대방이 나로 인해 기뻐하는 것도 하나의 선물이 되니까요.

이렇게 정중한 요청과 수용, 그리고 다정하고 좋은 반응은 새로운 변화를 이끄는 선순환이 됩니다. 나는 정성을 들여서 요구했고, 상대는 요구를 수용해서 변화했고, 나는 상대의 수용에 기쁘고 감사해하니, 상대는 나의 기쁨에 더 발전하는 모습으로 응하는 것이죠. 나의 성장이 상대방에게도 기쁨이 된다는 것은, 연인이나 가족 같은 밀도 있는 관계에서 얻을 수 있는 기쁨입니다.

이번에는 내 요구를 들어줬는데 다음에는 실패하기도 해요. 그러면 보통 실망하기 쉽죠.

"해준다며? 왜 약속 안 지켜?"

이렇게 따지고 싶겠지만, 반대로 생각하면 아마 노력했을 거예요. 상대방도 당신을 기쁘게 해주고 싶었겠지만, 해내지 못한 자신에게 기분이 안 좋을 거예요. 이때 우리는 자신에게 '맥락 이해의 기술'을 써 줘야 합니다.

'완전히 해내기 어려운 부탁이었구나. 그래도 여기까지는 할 수 있다는 가능성이 있군.'

요구는 반드시 들어줘야 하는 것이 아니라는 전제를 다시 상기합시다. 그래서 여기까지 해낸 그 과정에 대한 인정과 감사를 내보입시다. 그것을 못 해내서 속상한 상대의 마음까지 헤아리는 게 관계 같아요. 민망할 것이고 미안할 것이고 실망했을 마음을 알아주는 것이죠.

그렇게까지 요구를 해야 하냐고요? 요구는 결국 우리라는 관계를 위한 제안입니다. 요구를 꺼낼 때, 우리는 마음속으로 묻습니다.

'이 말, 하지 말까?' '말해봤자 또 거절당할 텐데….'

하지만 계속해서 마음에 걸린다면 결국 말하게 될 거예요. 그렇다면 정중하게, 구체적으로, 진심을 담아 요구하세요. 행복하고 기쁘게 살고 싶어서 두 사람이 만났잖아요. 둘이 함께 더 좋은 사람이 되고, 그렇게 성장하는 서로를 오래 지켜보고 싶은 마음이 바로 이 요구 안에 담겨 있어요.

요구는 '나를 위함'인 동시에 '우리를 위함'입니다. 그 안에는 나의 간절함과 상대에 대한 믿음이 담겨 있어요. 그러니 말해 보세요. 부탁해 보세요. 다정하게 꺼내 보세요. 그리고 그 말에 머물러 주고, 받아준 상대의 마음에 꼭 고맙다고 해 주세요. 요구도, 거절도 모두 사랑의 기술입니다. 서로를 위해 애써 본 마음이 있다면, 그 시간은 불편함이 아니라 다정함의 또 다른 얼굴이 될 수 있습니다.

CHAPTER 4

이별에도
다정한 방식이 있다면

: 우리의 다정했던 시간

다투되 너무 아프지는 말자

　사랑하는 사람과 다투고 난 뒤의 공기, 그 묘한 정적은 생각만 해도 숨이 막힐 것 같아요. 어색하고 속상하고 화나고, 그래도 풀고 싶고, 참을까 싶다가도 이 부분은 꼭 고쳐야겠고, 반대로 좀 미안한데 나도 지기 싫어서 괜히 더 안 풀어지고요. 사랑하자고, 다정함을 마음껏 내주겠다고 마음먹은 나는 온데간데없고 힘겨운 줄다리기가 이어집니다.
　우리가 왜 다투는지, 다투면서 무엇을 배워가는지 이야기하기 전에 '다툼'에서 먼저 짚어야 할 것들이 있어요.

　'너무 별로인 내 모습까지는 가지 말자.'
　'이기려고 싸우지 말자. 중요한 것을 남기자.'

우리가 사랑하는 사람과 다투고 나서 가장 오래 남는 건 때로는 '그때의 내 모습'이에요. '그때 그런 표현은 쓰지 말걸.' '그때 그런 표정은 짓지 말걸.' '그때 그런 행동은 하지 말걸.' 조절되지 못한 감정의 폭발은 상대방뿐 아니라 나 자신을 향해 후회와 상처를 남깁니다. 다투는 그 순간보다, 다투는 나를 떠올리는 순간이 더 오래 아파요. 소중한 사람일수록 다툼에서 이긴 듯해도 진짜로 진 건 내 마음이더라고요.

우리는 좋은 사람이 되고 싶고 좋은 연인이자 좋은 어른으로 남고 싶기에 감정의 흔적을 자꾸 되짚어 보게 됩니다. 그래서 더더욱 '이기려고 싸우지 말자'는 말은 중요한 기준이 됩니다.

다투면서 감정을 조절하기란 참 쉽지 않아요. 우리가 앞서 소통의 방법을 고민했지만 감정이 건드려지고, 내 속상함을 상대방이 알아주었으면 좋겠고, 웬만하면 잘 말하려고 했는데 자꾸 감정이 앞서는 것들을 막기가 참 힘들어요. 때로는 상대의 어떤 부분을 꼭 알려 주려다 목소리가 높아져서 다툼까지 갑니다. 감정이 어느 선을 넘으면 통제하기가 어렵죠.

감정은 어느 순간 이성을 앞지릅니다. 속상한 마음을 꺼내려다 울컥하고, 상처받았다는 말을 하려다 날카로워지고, 조곤

조곤 말하려던 마음은 언성이 높아지며 사라지기도 하죠. 하지만 그럴수록 더 멈춰야 합니다. 다툼에서 감정은 퍼붓는 게 아니라 꺼내어 건네져야 합니다. 말은 칼보다 깊고, 기억은 흉터보다 오래가요.

이왕 싸운 거 이기고 싶은 마음이 들겠지만, 정말 중요한 건 '우리가 이 다툼에서 무엇을 남길 것인가'입니다. 다툼은 어쩌면 그 사람을 바꾸기 위한 것이 아니라, 그 사람을 더 잘 이해하려는 과정일지도 모릅니다.

우리가 이렇게 서로 힘겨운 시간을 지나는 이유는 상처를 주기 위해서가 아니잖아요. 씨름할 만큼 중요한 문제가 있는 것이겠죠. 나에게 중요한 것이든 상대에게 중요한 것이든, 우리는 이 시간을 힘겹게 지나고 나서 알게 되고 발견하게 되는 것이 있을 거예요. 그것을 놓치지 말았으면 합니다. 이렇게 힘들었는데, 뭔가 남는 게 있어야죠. 이 시간에서 뭔가를 발견하고 답을 고민해 방향성을 찾을 수 있어야 한다고 봐요.

우리가 다투는 이유는 상처 주기 위해서가 아니라 상처를 다루고 싶어서일 겁니다. 그런데 사랑하는 사람에게 목소리를 높이면 상처는 다뤄지지 않고 새로운 생채기가 생깁니다. 만약 지금 우리가 겪고 있는 이 싸움이 사소한 일에서 비롯된 것이라면, 잠시 멈춰 돌아보세요. 그 일이 정말 이토록 싸울 만큼 중요했는지, 아니면 나의 습관이나 편의, 나만의 기준 때문은 아니었는지 말이에요.

한동안 '치약을 끝에서부터 짜지 않아서 헤어진' 한 부부의 이야기가 오래 회자된 적이 있어요. 시작은 작았을 거예요. "치약을 끝에서부터 짜 달라"는 제안을 상대방은 소소한 지적으로 흘려들었을 것입니다. 흘려들은 이유는 중요하다고 생각하지 않아서, 혹은 익숙하지 않아서겠죠. 몇십 년을 자기 마음대로 치약을 짜 왔으니 해왔던 대로 했을 거예요. 하지만 제안한 사람은 한 번, 두 번 같은 말을 반복할수록 자기의 요구를 들어주지 않는 것을 거절감으로 느꼈을 것입니다. 내 말이 상대방에게 가닿지 않는다는 좌절감으로 이어졌을 것이고요. 그래서 이혼 이야기까지 나왔을 것입니다. 상대방 입장에서는 이렇게 사소한 일로 이혼하자는 것이 이해되지 않지만, 이것을 자신에 대한 존중의 문제로 해석한 입장에서는 사소한 일조차 들어주지 않는 사람과 살 수 없다는 결론으로 나왔을 것입니다.

이렇게 아주 작은 시작이 쌓여 오해와 좌절, 거절감으로 확대되기도 하죠. 중요한 건 그 사소함을 소중한 사람과의 관계보다 더 크게 여길 것인지 아닌지도 분별해 보는 겁니다.

이런 일들이 많아요. 우리가 싸우는 내용 중에 소소한 것들이 반복되면서 처음에는 말로, 그 다음에는 서운함이, 그 다음에는 짜증이 담겨서 그 부정적인 감정까지 전달되다 다툼으로 번지기도 합니다.

어떤 사람은 작은 요청도 잘 새겨듣고 반응해 주는데, 어떤 사람은 소소한 것은 흘려들어요. 그런데 이런 서운함도 가까운 사람이어서 나오는 거죠. 그런 소소한 제안을 가까운 사람이어서 할 수 있었듯요.

가까운 사람과는 시간과 공간을 공유하는 경우가 많아서 그렇습니다. 내 연인으로 둘 수 있는 마음의 자리는 하나밖에 없어요. 다정하게 마음을 표현할 수 있는 사이고, 스킨십을 할 수 있는 사이고, 진심을 표현하고 들어줄 수 있는 사이가 되었어요. 그래서 내 사소한 부분까지 이해해 주기를 바라게 되죠. 내가 자주 잊고 지나친 상대의 사소한 제안들, 그것이 나를 향한 표현이었다는 걸 이제라도 알아챈다면 늦지 않았습니다.

제안이 반복적으로 좌절되고, 제안을 안 들어주는 상대에 대한 내 해석이 더해지면 감정까지 함몰되기 시작합니다. 기분이 나쁘면 '어떻게 효율적으로 메시지를 전할까'에 대한 고민은 뒤로 밀려나죠. 지적하고 싶은 마음과 속상한 내 감정을 전달하고 싶어져요.

"내가 몇 번 말했어? 왜 내 말을 안 들어줘?"

반대도 있어요. 자꾸 나에게 요구하는 것들이 늘어날 때, 이것 해라 저것 해라 요청이 쌓이면, 있는 그대로의 나를 받아주지 않는 기분이 들어요. 자꾸 나를 바꾸고 가르치려고 한다고 생각되어서 대등한 관계가 아닌 것 같고, 나를 바꾸려는 상대의 태도가 걸리기 시작하죠.

"나는 나야. 왜 나를 바꾸려고 해? 그냥 못 봐주겠어?"

내 마음으로는 한없이 다정하고 사랑스러운 존재로 남고 싶지만, 부정적 감정이 앞서니 원하지 않던 모습들이 나와요.

소소함을 두고 싸우게 되면, 다음의 질문들을 자신에게 건네보세요.

'치열하게 싸워서 이기거나, 헤어지게 할 만큼 서로에 관한

변화나 요구가 정말 중요한 일인가?'

'이 사람과 연애를 못할 만큼 심각한 이야기인가?'

'이 사람과 헤어졌을 때 이 문제로 10번, 100번을 싸웠다는 것이 나 자신에게 납득될 만큼의 문제인가?'

이런 질문들을 던지면서, 이 문제를 두고 계속 씨름할지 아닐지 나의 태도를 결정해 보았으면 좋겠어요. 만약 그렇게 중요한 일이 아니라면, 내가 편하자고 한 것이니 나는 나 편하게 계속하면 되고 상대는 상대의 방향대로 가도록 두어 봅시다.

사소한 일을 여러 번 다루면 중요한 이슈가 됩니다. 실제 중요해서가 아니라, 그냥 내가 거슬리는 것들에 대해 오래도록, 치열하게 싸운다는 것이죠. 그래서 이 사소함의 문제가 우리 관계의 변화를 고민할 만큼 필요한지 생각해 봐요.

사소한 제안을 잘 들어주는 사람이 내 앞에 있다면요. 많이 감사해합시다. 소통에서도 다루었지만, 주는 기쁨이 있고 받는 기쁨도 있어요. 받는 기쁨을 잘 표현하면 주는 기쁨이 더 커져요. 주는 행위 자체도 기쁘지만, 그 행위를 해주는 근본적인 이유는 상대방을 행복하게 해주고 싶어서예요. 받는 사람이 기쁨을 잘 표현하면 그 목표가 달성되었다는 것을 확인하게 되죠. 고마워하지 않으면 주는 기쁨이 줄고, 결국 주는 사랑을 안 하려고 할 수 있어요.

상대의 변화와 노력들을 당연하다는 듯 받지 말고 꼭 고마워하세요. 칭찬도 하고 감사도 하고 말로도 표현하고 선물로도 표현하고 가끔씩은 반복해서 말해 주세요. 그 사람의 다정함을 당연하게 여기지 않으면 그것만으로도 관계에서의 많은 것이 바뀝니다.

반대로 내가 상대방의 사소한 요구들을 잘 들어주는 사람이라면, 상대방이 그것들을 당연하게 받고 있다면, 고맙고 기쁘게 받아 달라고 알려 주세요. "너는 왜 만날 내가 먼저 연락하게 만들어?" 이렇게 죄책감을 건드리듯 말하지는 말고요. 생색이 아닌 너를 향한 마음이 있었다는 것을 알려주는 것이죠.

"내가 해주는 걸 좋아하긴 하지만, 네가 알아줄 때 그 기쁨이 더 커져."

"내가 매일 너희 집까지 바래다 주는 게 쉬운 일은 아니야. 돌아가는 길에 나도 피곤할 때가 많지만, 너를 안전하게 보내는 게 더 큰 기쁨이라 하는 거야. 가끔 내가 못 바래다 주면 네가 너무 서운해하는데, 그럴 때면 나도 좀 속상해. 내가 불가피한 상황이 있음을 네가 이해해주면 좋겠어."

쓰면서 생각건대, 말이 쉽지 저도 잘 못해요. 저도 잘하지 못하면서 이런 이야기를 쓰는 건, 우리 모두 완벽하지 않지만 그래도 더 나은 방향으로 함께하고 싶기 때문입니다. 상담전문가도 그렇습니다. 어떻게 365일 성숙하겠어요.

어쩌면 우리가 다투고 있는 이 순간도, 그저 우리가 더 잘 사랑하고 싶어서는 아닐까요. 내가 화를 낼 수 있다는 건, 아직 이 관계를 붙잡고 싶다는 뜻이니까요. 싸움은 끝이 아니라, 다시 만나는 입구가 될 수 있어요. 그러니 꼭 기억해 주세요. 내가 이 다툼에서 얻고 싶은 건 '승리'가 아니라, '우리'라는 존재입니다.

'이 다툼에서 우리는 무엇을 남길 것인가.'
'내가 이 사람에 대한 다정함을 버릴 만큼 중요한 일인가.'

감정은 숨기지 말고
다룰 수 있어야 한다

다툼의 '내용'에 이어서 우리가 꼭 들여다보아야 할 건 바로 다툼에서의 '감정'이에요. 갈등의 불씨는 대부분 감정에서 피어나고, 다툼의 크기는 감정을 얼마나 다루느냐에 따라 달라지기도 하니까요.

자신의 감정을 잘 다룰 줄 알면, 상대에게 건네는 말의 내용과 표현도 조금은 부드러워질 수 있어요. 말이 세게 나가는 이유는 종종 그 감정을 다룰 여유가 없어서일 때가 많습니다.

다툼 중에 부정적인 감정이 일어나는 건 자연스러워요. 기분 좋게 싸울 수는 없잖아요. 문제는 그 감정을 어떻게 '통과'시키느냐죠.

더구나 어떤 날은 밖에서 받은 부정적 감정을 사랑하는 사람에게 쏟아버리기도 해요. 기분이 좋을 땐 그냥 넘어가던 말이나 행동이, 기분이 안 좋을 땐 예민하게 건드려지기도 하고요. 이렇게 사랑하는 사람에게 외부에서 받은 감정을 풀어내는 데에는 여러 마음이 숨어 있어요.

상대방에게라도 화풀이를 하고 싶다. / 위로받고 싶다. / 혼자 있고 싶다. / 이 감정에 대해서 공감받고 싶다. / 내가 기분이 안 좋다는 것을 인식하고, 상대도 오늘 더 긴장해서 나를 챙겨주면 좋겠다.

이러한 이유들이 결국 하나로 묶이기도 해요.

'나 좀 알아줘.'

여기서 더 격하고 이기적인 감정에 빠지면 결국 이렇게 말하고 싶어집니다.

'내가 오늘 이렇게 기분이 별로인데, 날 사랑하는 너는 아무렇지 않아도 돼?'

이건 말하자면, '감정 통제'의 영역이에요. 내 감정을 표현하는 것이 아니라 상대의 감정까지 통제하려는 마음이죠. 그래서 중요한 건, 내 기분을 말로 풀어내는 연습이에요. 자기 상태에 대한 설명 없이 감정을 쏟으면서 '알아서 맞춰 줘'라는 암묵적인 메시지를 보내는 것은 명료하지도, 다정하지도 않아요. 이럴 때는 감정을 쏟지 말고 꺼내어 건네는 것이 맞습니다. 감정을 건넬 때 가장 좋은 방식은 '정확한 표현'이에요.

"나 오늘 너무 지쳤어. 오늘 나한테 자주 괜찮다고 해줘."

"조금 있다가 이야기하고 싶어. 지금은 생각을 정리할 시간이 필요해."

"오늘 하루 진짜 힘들었어. 그냥 네가 곁에 있어 주면 좋겠어."

이런 말들은 감정을 누르지 않고 상대를 위협하지도 않아요. 나를 있는 그대로 전달하면서 상대가 나를 더 잘 이해하게 해 줍니다. 말로 전하지 않는 감정은 결국 가장 날카로운 방식으로 터져버리고 말아요. 제가 상담할 때 자주 전하는 말이 있어요.

"나는 누군가의 환경입니다."

가까운 사람과 함께 있는 우리는 서로의 기분, 표정, 말투로 그날의 온도를 바꿔요. 부모님의 기분이 온 가족의 분위기를 좌

우하던 어린 시절을 떠올려 보세요. 우리는 서로에게 그만큼 중요한 환경이 됩니다. 내 감정이 상대의 하루를 흔들 수 있어요.

우리는 누군가에게 바람이고, 햇살이고, 그늘입니다. 어떤 하루가 될지는 내가 어떻게 존재하느냐에 달려 있어요. 그래서 감정을 숨기기보다 원하는 것을 '말로' 꺼내어 건네라는 거예요. 상대가 알아채 주기를 기다리지 말고, 내가 나를 먼저 알아채서 건네야 합니다.

물론 감정이 터질 때가 있죠. 펑펑 울 수 있고 억울함에 목소리가 커질 수 있어요. 하지만 그 순간에도 나 자신을 너무 해치지 않기를 바랍니다.

상대에게 상처를 주고 나면, 결국 가장 먼저 무너지는 건 내 마음입니다. 내가 나를 미워하게 되는 그 순간이 다툴 때보다 더 아파요. 격한 감정은 나를 잠 못 들게 하고 후회로 이끌어요. 그래서 저는 이런 다짐을 반복합니다.

'상대에게 지는 건 괜찮지만, 나 자신에게 실망하지는 말자.'
'이기기 위해 싸우는 게 아니라면, 오늘의 싸움을 서로의 목소리를 듣는 시간으로 남기자.'

사랑하는 사람과 싸울 수 있어요. 마음을 다해 이야기하다 보면 충돌은 자연스러운 일이기도 하니까요. 그런데 싸움이 끝난 후, 우리가 조금 덜 상처받고 다시 서로를 마주 볼 수 있는 정도로 표현하기를 바랍니다. 화해하고 돌아설 때 덜 어색하게, 조금은 다정하게 그 정도로 다투었으면 좋겠어요.

너무 별로인 내 모습까지는 가지 맙시다. 이기려고 싸우지 말고, 이 시간을 중요한 순간으로 남깁시다.

우리가 부딪히는 이유,
마주할 용기

사랑하는 사람과의 다툼과 이별을 갑작스럽게 맞기도 합니다. 그런데 저는 그것을 미리 대비하거나 준비한 후 선택할 수도 있다고 봐요. 우리가 어떤 상황에서 주로 다투는지, 어떻게 화해하고 어떻게 멀어질 수 있는지를 마음속에 그려볼 수 있다면, 그 일이 실제로 일어났을 때 피하지 않고 그 문제를 다룰 수 있게 되거든요.

그러기 위해서는 '우리는 왜 부딪힐까'를 먼저 알아야 합니다. 그 이유를 네 가지로 나눠 보면 다음과 같아요. 이렇게 구분해서 보면 각각에 대해 어떤 마음으로 응하면 좋을지 그림 그리기가 상대적으로 쉬울 수 있습니다.

① 내가 준비되지 않아서 생기는 다툼
② 상대가 준비되지 않아서 생기는 다툼
③ 서로가 달라서 생기는 다툼
④ 상황 때문에 생기는 다툼

사랑하는 사이에서 가장 흔한 다툼은 '내가 준비되지 않아서' 생깁니다. 거절당할 준비가 되어 있지 않아서, 다른 의견을 받아들일 준비가 되어 있지 않아서, 혹은 내가 무언가를 요구할 용기가 없어 꾹 참다가 터지게 되는 경우죠. 그렇게 쌓인 불편한 감정은 결국 불만이 되어 다툼으로 드러납니다.

〈나 사용설명서〉에서 나를 들여다봤지만, 안다고 해서 완벽해지는 건 아니에요. '인정'하는 과정이 필요합니다. 내가 어떤 상황에서 불안해지는지, 어디에서 쉽게 상처받는지, 무엇을 외면하려고 하는지 있는 그대로 받아들이는 거예요.

'나는 불안이 높아서 연락이 늦으면 마음이 불편하구나.'

이렇게 인정하면, 이후 구체적인 행동을 준비할 수 있어요.

'연락이 안 될 상황에서는 미리 알림을 부탁하자.'

'나만의 안정을 찾을 수 있는 방법을 스스로 만들어 놓자.'

때로 다툼은 우리에게 거울이 되기도 합니다. 〈나 사용설명서〉에서 미처 발견하지 못한 내가 다툼에서 발견되기도 해요.

'내가 왜 이 문제에 이렇게 민감하지?'

'왜 이 말에 예민하게 반응하지?'

그렇게 나의 아픔과 욕구를 마주하게 됩니다. 상처는 때로 우리의 욕구를 말해주는 언어가 되는 것이죠. 불편한 감정은 '여기가 중요하다'고 말해 주는 마음의 빨간불입니다. 그래서 다툼의 끝에서는 자신에게 이런 질문을 던져야 해요.

'이 다툼으로 나는 무엇을 배웠지?'

'나는 어떤 준비가 부족했을까?'

'무엇이 나에게 이토록 중요했기에, 모든 걸 걸고라도 지키고 싶었을까?'

다툼이 끝난 후 상대에게 "앞으로 이렇게 해!"라는 과제를 내기보다, 나부터 응어리를 풀겠다는 숙제를 시작해 보세요. 그러면 이후의 다툼은 조금 더 천천히, 조금 더 부드럽게 찾아올 수 있습니다.

두 번째는, '상대방의 준비되지 않음'에서 오는 다툼입니다. 우리는 종종 상대의 미숙함에 실망하고는 합니다. 하지만 기억할 것은 나는 그 사람의 구원자도, 스승도, 부모도 아니라는 것입니다.

'저 사람은 왜 그렇게까지 그걸 주장했을까?'

상대를 궁금해하는 것에서 이해가 시작됩니다. 상대의 미숙함을 두고 "너 이런 거 고쳐"라고 말하지 마세요. 뭔가를 제안하기 전에 이렇게 다짐해보면 어떨까요?

'그 사람의 아픔을 내가 덜 건드리는 방식으로 표현하자.'

'내가 먼저 다정한 언어를 건네자.'

우리는 사랑하는 사람이 나를 위해 노력하고 있다는 것을 알고 있어요. 그것을 알아주고 인정해 줄 때 상대를 자라게 합니다. '받은 사랑'은 '주고 싶은 마음'으로 되돌아오니까요.

세 번째는 '서로가 달라서' 생기는 다툼입니다. 속도, 방식, 표현, 우선순위 등이 달라서 부딪힐 수 있어요.

예를 들어, 나는 지금 당장 해결하길 원하는데 상대는 천천히 시간을 두자고 말할 수 있어요. 속도에 대한 요청을 받아주지 않을 때 나를 무시한다고 생각하면 다툼이 일어나기 쉽죠. 상대의 입장에서는 안 하겠다는 게 아니라 정말 나중에 하려는 것인데, 내가 이 속도의 문제에 의미를 크게 부여하면 감정이 상합니다. 존중하지 않는다거나, 무시한다거나, 내 말을 귓등으로 듣는다거나, 왜 그렇게 게으르냐는 등의 비난으로 갚습니다. 속도의 문제에서 시작했는데 날카로운 말들로 더 불편해지죠.

나는 감정 중심인데, 상대는 논리 중심일 수도 있어요. 문제는 이 다름에 의미를 부여하기 시작할 때입니다. 다름은 틀림이 아닙니다. 서로를 맞추는 게 사랑의 전부는 아니에요. 서로를 조율하려는 '의지'가 사랑의 핵심이에요. "너는 왜 나랑 다르니?"가 아니라 "우리는 어디까지 맞출 수 있을까?"로 대화해 나가면, 갈등은 한결 부드러워져요.

다만 조율될 수 있는 것과 조율될 수 없는 것도 있습니다. 조율할 수 없는 문제는 자기 속도나 삶의 방향이나 가치관에 대해 다시 묻는 과정을 거치게 되겠죠. 〈나 사용설명서〉를 확인하는 과정입니다.

이렇게 고민한 후 서로의 다름이 받아들일 수 있는 문제라면 그대로 수용하면 되고, 받아들일 수 없다면 크게 다음의 세 가지 선택지로 갈 것입니다.

① 나에게 중요한 문제이고 상대를 바꿀 수 없으면, 관계의 방향이 서로 다르므로 헤어진다.
② 나에게 중요한 문제이므로/혹은 중요하지 않은 문제이지만, 3천 번을 이야기해서 상대를 아주 천천히라도 바꿔 보겠다.
③ 중요하지 않은 일이고 상대를 바꿀 수 없으니, 그냥 내가 한다.

여기서 상대에게 변화를 요청하고 싶을 때 상대가 해낼 수 있는 일인가도 고려해야 합니다. 핵심은, 우리가 사랑하는 사이이기에 한 팀이라는 것입니다. "너 이렇게 해"라고 일방적 지시를 내리는 관계가 아니라 "우리 해 보자"의 방향이 되어야 합니다.

네 번째는 '상황이 만들어낸 다툼'입니다. 누구의 잘못도 아닌데 싸울 때가 있어요.
예를 들어 여행 중에 길을 잘못 들었어요. 배가 고프고 지쳐서 서로 말이 거칠어졌죠. 그런데 돌이켜 보면 둘 다 애쓰고 있었던 거예요. 길을 찾느라 정신없는 사람도, 대화로 분위기를 풀고 싶은 사람도요. 서로의 다정함이 어긋난 거예요.

"우리는 서로에게 화가 난 게 아니라 그냥 지금 피곤한 거야."

이렇게 상황을 정리하는 한마디가 감정을 누그러뜨립니다.

익숙한 관계는 다정함을 무디게 만들기도 해요. 그래서 오래된 사이일수록 다정함을 '선택'하려는 의지가 필요합니다. 그 선택이 쌓여 관계를 계속 따뜻하게 지켜 줍니다.

마음에 여유가 있을 때는 누구나 다정할 수 있어요. 그런데 마음이 지쳤을 때에도 다정함을 선택할 수 있는 사람이 진짜 어른입니다.

우리는 달라서 싸우는 게 아니라, 다름을 이해받고 싶어서 싸우는지도 몰라요. 이 다툼이 지나간 뒤에 남는 것이 상처가 아니라 이해였으면 좋겠습니다. 서로를 미워하는 순간보다 서로를 이해하려 했던 기억으로 이 힘든 시간이 기억될 수 있기를 바랍니다.

미안하다는 말, 괜찮다는 말, 어색해도 꼭 해야 할 말들

사과를 매번 꼭 해야 하는 것은 아니지만, 해야 할 때가 있어요. 내가 준비되지 않아서 벌어진 문제임을 깨달았거나, 내 잘못으로 시작하지는 않았지만 다툼의 과정에서 보인 내 태도가 무례했다면, 그땐 꼭 사과했으면 해요. 사과는 갈라진 마음의 사이를 좁히는 가장 다정한 다리니까요.

사과는 잘못을 정리하는 게 아니라 다정함을 다시 꺼내는 일입니다. 진심이 담긴 사과는 마음에 남은 가시를 조용히 뽑아내기도 하고요. 사과는 잘못을 덜어내는 말이 아니라 관계를 살리는 말이라는 것을 기억하면 사과할 용기가 생길 거예요.

다툼이라는 건, 한 사람만 전적으로 잘못해서 벌어지지는 않아요. 누군가의 실수에서 시작되었더라도 다툼의 과정에서 서로 돌멩이를 던집니다. 가장 안타까운 모습은, 상대가 시작했는데 다투는 과정에서 내가 더 엉망의 태도를 보여서 결국 내 잘못의 무게가 더 커질 때입니다. 자주 있는 일이죠.

"내가 뭘 그렇게 잘못했다고"라는 말 뒤에는 사실 '나도 알아, 나도 미안해'라는 마음이 숨어 있습니다. 이럴 때 사과를 안 하고 있으면 괜히 눈치 보이고 마음이 찜찜하잖아요. 그래서 사과는 사과를 하는 사람의 마음이 편해지는 일이기도 해요.

사과를 잘하는 방법이 있을까요? 사과하는 태도와 내용이 중요해요. 사과하는 태도에는 '진심'이 담겨야 하고요. 사과하는 내용에는 다음의 세 가지가 들어가면 잘 전달되는 편이에요.

첫째, 무엇을 잘못했는지에 대한 명확한 인정
둘째, 앞으로 어떻게 달라질 것인지에 대한 변화의 약속
셋째, 그 잘못으로 상대에게 준 불편함과 상처에 대한 공감과 미안함의 표현

"내가 그때 말한 방식이 무례했어. 앞으로는 조심할게. 너를 불편하게 해서 정말 미안해." 이렇게 사과의 메시지를 잘 전달

하고 나서 다시 실수를 저지르는 경우가 많은데요. 내가 사과했으니 빨리 용서하라는 태도를 보이는 거죠.

사과했다고 해서 바로 용서받아야 한다고 기대하면 안 돼요. "내가 다섯 번이나 사과했잖아. 아직도 화났어?" 이렇게 말하면 사과는 강요가 되어버립니다. 상대방은 아직 받아들일 준비가 안 되었을 수 있어요. 사과는 건네는 것까지가 나의 몫이고, 그걸 언제 어떻게 받아들일지는 상대의 몫이에요.

사과는 관계에서 주도권을 다시 잡는 행위이기도 합니다. 내가 이 관계를 위해 한 발 나아갔다는 제스처죠. 하지만 내가 건넨 사과를 상대가 들었다고 해서 사과받은 것은 아닐 수 있어요. 사과를 '들은 것'과 '받은 것'은 다릅니다.

마음의 짐을 덜기 위해 사과를 건넸으면 합니다. 사과는 상대방의 이해와 수용 여부를 떠나, 나 스스로 덜 아프기 위해 건네는 말이기도 하니까요.

성의 없는 사과는 받아주기 싫다고요? 쓱 지나가듯 말하는 "미안해"가 있죠. 그 말 한마디에 보이지 않는 마음이 들었을 수 있어요. 혹은 말로 풀기 힘들어 "산책할까?", "커피 마실래?"

라고 건네는 사과의 신호도 있고요. 그럴 땐 그 적당한 마음을 읽어 주면 좋겠어요.

모든 다툼을 잘잘못을 밝히듯 정확한 말로 정리하라고 요구하는 것은 서로를 더 지치게 할 수 있어요. 사소한 다툼이라면 사소한 사과로도 충분해요. 다툼의 무게만큼 화해의 방식도 가벼울 수 있었으면 합니다. 매번 사과의 정석을 따를 필요는 없어요. 나도 지나가다 의도치 않게 살짝 부딪히면 죄송하다고 말하고 지나가듯요.

우리가 사과받고 싶은 건 결국 인정입니다. 나를 불편하게 만든 순간을 상대가 '알아준다'는 감각이요. 다툼의 원인이 분명하지 않거나 서로의 다름에서 비롯된 경우, 누가 100% 잘못했는지를 따지기 어려워요.

중요한 갈등일수록 사과하기 더 어렵고, 용서하기도 오래 걸릴 수 있어요. 만약 사과를 받았는데 마음이 계속 어렵다면, 사과를 건넨 사람에게 고마움을 전하면서 내 마음이 회복될 시간을 요청해 보세요.

"사과해 줘서 고마워. 네 진심이 느껴졌어. 나도 조금 생각할 시간이 필요해."

정말 좋은 사과를 받으면, 그 마음에 보답하고 싶은 마음도 따라와요. 그럴 땐 그 마음도 표현하세요.

"사과해 줘서 고마워. 나도 말이 세졌던 것 같아. 다음에는 더 조심할게."

그렇게 서로가 조금씩 자기 몫의 사과를 나누는 것, 그것이 다정한 사람의 용기 아닐까요.

좋은 화해는 서로를 변하게 하기도 하지만 서로를 더욱 알아차리게 하는 시작이 되기도 해요. 그래서 사과는 한쪽의 승복이 아니라, 함께 걷기 위한 멈춤의 시간이 됩니다.

다투고 나서 상대의 잘못만 곱씹으면 관계는 쉽게 돌아오지 않아요. 그 상황 속의 나도 함께 들여다보세요. 화해는 서로의 숙제를 나눠서 푸는 과정이기도 하니까요.

다툼의 감정에 너무 오래 머물지는 말아요. 우리가 나눌 수 있는 다정한 시간들이 지나가요. 마치 낭만과 사랑의 도시인 이탈리아 피렌체 한복판에서 서로 다투느라 눈앞의 아름다운 풍경을 보지 못하는 연인들처럼요. 아름다운 오늘을 망치지 않기 위해 우리는 어색해도 다정한 화해로 나아가야 합니다.

오래 사랑할 수 없는 인연도 있다

"그 사람이 나를 오래 사랑해 줄 것 같지 않아."

서로의 부모님까지 만날 만큼 진지한 관계였지만, 끝내 이별을 결심했을 때 저는 부모님께 헤어지겠다고 말씀드렸어요. 생각보다 담담했던 부모님은 이렇게 답하셨습니다.

"헤어져도 돼. 앞으로 평생 네가 혼자라고 해도 지금 아닌 것 같다면 돌아서는 게 맞아. 주변 사람의 시선은 잠깐이고, 네 인생은 길어."

너무 사랑했던 사람이어도, 내 모든 것을 주고 싶었던 관계라도, 삶의 방향과 마음의 결이 다르면 결국 이별해야 할 때가 있어요. 너무 아프고 도무지 손을 놓을 수 없어도 그렇게 해야 할 때가 있습니다.

그 사람을 품에 안고도 내 마음이 점점 사라진다고 느낀 적 있나요? 다툼이 반복되고 그 다툼에서 서로에게 더는 유익하지 않다는 생각이 들 때 우리는 떠남을 생각하게 돼요. 내가 이 사람을 바꾸게 할 수 있는가? 바꿀 수 없다면 나는 그 모습을 받아들일 수 있는가? 그 대답이 '아니오'일 때, 우리는 결국 이별로 향하죠.

물론 다툴 때마다 매번 이별을 떠올리는 건 좋지 않아요. 다툼의 끝마다 그 선택지에 이별이 놓여 있으면 서로 지칠 수밖에 없거든요. 하지만 진심으로 사랑했고, 내 마음 한가운데 자리를 내어준 사람이기에, 오히려 놓아야 하는 순간이 있어요.

이별은 왜 그렇게 아플까요? 이별은 그 사람과 헤어지는 일이자, 그를 사랑했던 나와 헤어지는 일이기도 하다고 봅니다. 사랑은 나의 시간, 공간, 에너지, 마음을 내어주는 일이어서 이별은 그것을 스스로 거두는 고통의 시간이기도 해요. 더는 그 다정함을 건넬 대상이 없다는 사실, 내 다정함의 방향이 사라졌다는 사실이 공허감으로 다가오기도 하고요.

그 사람과 함께했던 수많은 순간, 내가 가장 나답게 웃고 사랑받았던 그 장면들을 다시 꺼내어 나눌 사람이 사라진다는 것, 그 기억이 나에게는 여전히 소중한데 아무에게도 들려줄 수 없다는 사실이 이별의 정체인 듯합니다.

제가 엄마를 하늘로 보내고 나서 가장 힘들었던 순간이, 힘든 날 무턱대고 전화해도 받아주던 밤 12시의 대화가 사라진 것이었어요. 내 아픔을 말없이 품어주던 단 한 사람이 부재하다는 것이 이렇게도 외로운 일인지 처음 알았어요. 사랑의 부재는 '말을 못 하는 시간'이 아니라 '말할 수 있었던 시간을 잃는 일'이더라고요.

이별을 망설이는 또 하나의 이유는, 다시는 그 사람만큼 나를 사랑해 줄 사람을 못 만날까 봐 두려워서일 거예요. 그래서 그럭저럭 괜찮은 정도라면, 또는 견딜 만하면 좋았던 시절을 끌어다가 버티는 연료로 사용하며 그냥 이어가려고 하죠. 이건 사실 이 사람과의 끝이 무서운 게 아니라 혼자 남겨질 내가 무서운 것이겠죠.

내가 마음을 많이 꺼내 주고 오래 머물렀던 관계였다면, 본전이 아깝다는 감정이 들 수 있겠죠. 내가 더 많이 주고 더 보듬은 시간이 손해라는 생각이 들 거예요. 하지만 이별은 손익보다 자기 자신을 지키는 방향이어서 선택하는 것이니, 더 준 사람에 미련을 두지는 않아도 될 것 같습니다.

이별은 결코 쉬운 일이 아닙니다. 제가 커플 상담을 하며 가장 어렵다고 느끼는 경우가 두 사람 중 한 사람만 이별을 결심했을 때예요. 한 사람의 마음은 떠났는데 다른 한 사람은 그 마음을 붙잡고 있는 시간이죠. 그 두 사람에게서 흘러나오는 외로움과 분노, 슬픔은 누구에게도 이롭지 않아요.

이별의 순간이 다가오면, 많은 감정이 엉키게 돼요. 이별의 타이밍이 서로 다를 때는 더욱 그래요. 한 사람은 관계가 끝났다고 느끼는데, 다른 한 사람은 여전히 그 안에서 희망을 품고 있어요. 상대가 멀어졌다는 걸 느끼면서도 아무것도 할 수 없는 막막함 속에 놓이는 것은 가장 괴로운 이별입니다.

사랑은 감정이 아니라 에너지라는 말이 있어요. 나의 모든 것을 건네는 행위를 이제 거두는 선택은 절대 가볍지 않아요. 이별이 관계의 끝일 뿐 아니라 그 사랑을 감당하던 나와의 이별이기도 하니까요.

그래서 우리는 이별 앞에서 누구보다 조심스러워지고, 누구보다 자신을 돌아보게 됩니다. 그 사랑이 진심이었다면, 이별 후에도 한동안은 그 사람을 향했던 내 마음의 습관들을 천천히, 아주 천천히 거두게 되겠죠.

이별에서는 '너와의 헤어짐'과 '나와의 헤어짐'을 모두 거쳐야 합니다. 너에 대해서도 슬프지만, 나에 대해서도 인정과 정리의 시간이 필요해요. 그 사람이 채워 주었던 것을 멈추는 것에 대한 적응의 시간이 필요합니다.

내가 남기고 싶은 이별의 뒷모습

좋은 이별이 있을까요. 사랑하는 사람을 보내는데, 잘 보낼 수 있을까요? 말도 안 될 것 같지만 저는 있다고 봐요. 심지어 우리가 이별을 '당했다'고 말하는 관계에서도 좋은 이별을 말할 수 있을 것 같아요.

사랑은 한 사람과 하는 것입니다. 내 마음에서 내줄 수 있는 연인의 자리는 하나예요. 그래서 사랑하는 과정에서 서로는 충실하고 충성되게 행동해야 한다고 생각합니다. 그런데 만나는 과정에서 균열이 생길 때 대부분은 그 균열을 잘 보수해서 더 단단하게 만들지만, 때로는 붙일 수 없는 경우가 있어요. 그러면 우리는 이별을 '선택'할 수 있어야 합니다.

내가 한 사람과 만나고 있는데 마음이 조금씩 멀어지는 권태기가 왔어요. 그때 마침 나를 설레게 하는 누군가가 다가오네요. 지금의 연인보다 더 자상하고 괜찮은 사람으로 보여요. 그래서 내 마음이 흔들린다면 어떨까요.

반대로 상대가 어느 날부터 문자에 답도 바로 안 하고 데이트하는 날에 자꾸 다른 약속을 잡아요. 그러다가 함께 참석한 모임에서 환하게 웃고 있는 모습을 보게 돼요. 처음 나를 만날 때 보였던 그 해맑은 미소를 다른 사람에게 보이고 있던 거죠. 그때 직감하게 됩니다. 상대의 시선이 다른 사람에게로 옮겨 가고 있다는 것을요. 이처럼 환승이별을 당했다고 생각하면 참 기분이 나쁜데, 나로 대입하면 뭔지 알 것 같기도 해요. 그렇다고 괜찮지는 않죠.

우리는 이별을 하더라도 내가 사랑했던 사람에 대한 최소한의 예의를 지키고 싶어 해요. 적어도 한 사람을 잘 보내고, 최소한의 시간으로 이 사람과 보낸 시간을 잘 정리한 후, 새로운 사랑을 만나는 것이 좋다고 생각하죠.

그런 최소한의 배려 없이 양다리로, 잠수 이별로 나에게 이별을 '통보'하는 사람이 있어요. 누구보다 가까웠던 사람인 나에게 어떻게 이렇게 큰 상처를 줄 수 있나, 최소한의 선조차 지키지 않을 수 있나 싶습니다. 욕을 한 바가지 해주고 싶을 거예요. 누군들 안 그러겠어요.

나는 내 마음에서 줄 수 있는 한 자리를 내주었고 관계에 최선을 다했는데, 상대는 최선을 다하지 않았고 나를 존중하지도 않았으며, 심지어 한 사람만 두어야 할 자리에 두 사람을 두는 행동으로 인간적인 예의마저 저버렸어요. 이럴 때 우리는 '이별을 당했다' '나쁜 사람에게 걸렸다'라며 억울해하기도 해요.

그런데 이때도 당신은 이별을 '당하는 것'이 아니라 이별을 '선택하는 것'으로 가야 한다고 봅니다. 받는 이별도 결국, 내가 끝내기로 결심할 때 비로소 진짜 끝이 나요. 즉, 내가 '이별하겠다'는 결심이 서야 합니다. 결국 내 마음의 한 자리에서 그 사람을 내보내기로 결정하는 것이어서 그렇습니다.

나를 수동적인 존재로 두지 마세요. 주는 이별이 있고 받는 이별이 있지만, 결국 이별은 '내가' 선택해야 마무리 지을 수 있습니다. 상대를 보낸 후, 그를 사랑하는 나 자신과도 헤어져야 나는 다시 내 마음의 한 자리를 잘 비워둘 수 있게 돼요. 자신을 피해자에 두지 않았으면 좋겠어요. 당신이 결정하고 맺음을 하길 바라요.

좋은 이별을 만드는 몇 가지 시나리오를 생각해 봅시다.

먼저, 나는 어떤 모습을 남길지 생각해 보세요. 이별이 두려운 이유 중 하나는 나에 대한 부정적 평가가 걱정되어서인 부분도 있어요. 하지만 관계에서 회복될 여지가 없기 때문에 이별을 선택했을 것이고, 여기서 우리가 다룰 수 있는 것은 어떤 모습을 남길 것인가, 어떤 모습을 기억해 줄 것인가가 됩니다.

이혼하는 커플을 상담하고는 합니다. 헤어짐을 두고 고민하는 두 사람을 상담할 때는 우선 정말로 서로에게 최선을 다했는지, 또 다른 남은 길이 없는지 함께 찾아봅니다. 그리고 더는 붙일 수 없는 사이임을 서로 확인했을 때 저는 두 사람이 누구보다 사랑했던 사이였음을 상기시켜요. 저는 그게 이별에서의 존중이라고 생각하거든요. 이별은 사랑에 실패했다는 뜻이 아니라, 한 시절의 사랑이 다 자랐다는 뜻이기도 하니까요.

지금 세상에서 가장 밉고 뒤돌아서고 싶은 이 사람이 내가 누구보다 사랑했던 사람이었음을 떠올리면 함부로 하던 태도를 조금은 거두게 됩니다. 그리고 나서 저는 헤어지는 서로의 뒷모습이 치욕으로 기억되지 않도록 두 사람의 생각을 정리해 주려고 안내합니다.

그 방법 중 하나는 상대를 무엇이라고 기억할 것인지, 그리고 나를 어떠한 사람으로 설명할 것인지 정리하는 것입니다. 우리가 이별을 두려워하는 큰 이유 중 하나는 나에 대한 평가가 있어요. 이 사람이 나와 헤어지고 나서, 우리가 함께 아는 사람들에게 나에 대한 부정적인 평가를 할 것이라는 걱정이죠. 세상 누구보다 엄청난 사랑을, 그리고 상처를 주고받은 사람이니까요.

그래서 연애 시절의 상대는 어떤 사람이었는지, 그리고 지금 이후부터 나는 그를 어떻게 기억할 것인지 문장으로 정리하게 합니다. 그것을 서로에게 말해 주게 해요.

"불안해하지마. 누가 뭐래도 난 당신이 참 멋진 사람이었다고 기억할 거야. 당신도 나를 그렇게 기억해 줘."

"당신은 내가 많이 사랑했고, 20대의 나를 가장 성장하게 해 준 사람이야."

타이밍이 잘 맞는다면 좋은 이별도 있을 수 있습니다. 실제로 그럴 수 있느냐고 물으면, 저는 그랬다고 이야기할 경험이 있어요. 어릴 적 만났지만, 그 친구와 저는 참 성숙하게 헤어졌어요. 진심으로 사랑했지만 서로 가는 길이 다르고 서로 맞지 않다는 것을 알았어요. 그래서 헤어지기로 했습니다.

마지막으로 헤어지기 위해 만난 날, 그 친구는 저에게 엽서를 주었어요.

"무지개는 비가 내려야 볼 수 있어. 우리는 많이 힘들었고 그래서 헤어지는 것도 무척 슬퍼. 우리의 사랑에는 비가 내렸지만, 네 미래의 사랑에는 무지개가 뜰 거라 믿어."

저는 함께 찍었던 사진을 모아서 건넸어요. 흘러간 시간이 됐지만 소중했던 시간을 다 잊지는 말자는 어린 마음이었던 것 같아요. 그리고 이렇게 말해 주었어요.

"내 평생에 첫사랑은 한 명이고 그건 절대 바뀌지 않아. 그리고 나는 자랑하고 다닐 거야. 내 첫사랑은 참 멋있었고 첫사랑다웠다고."

저의 모든 만남과 이별이 이렇게 멋있었냐고 하면, 절대로 아니에요. 처절했고 치열했고 멋쩍었던 이별 중에 이런 이별도 있었던 것이죠. 조금 오글거리고, 어릴 적 헤어졌기 때문에 가능했을 수 있어요. 그래도 이 한 번의 경험으로 저는 커플 상담을 할 때 뒷모습을 잘 남기자는 안내를 할 수 있었어요.

그게 가능하냐고 물으면, 가능해요. 비록 '우리'로는 이어지지 못한 인연이어도, 내가 어떻게 상대방을 기억할 것인가는 자기 몫이거든요. 각자의 몫을 잘 해내면 돼요. 그러면 불안하지 않은 이별, 괜찮은 뒷모습을 남길 수 있다고 봅니다.

 두 번째로, 죄책감을 남기는 이별은 하지 말아요. 나를 피해자로 만들지 마세요. 상대방에게 끝까지 '네 탓이다' '이별을 당하게 한 나쁜 사람이다'라고 지적하고 싶겠죠. 하지만 그 말을 깨닫고 반성하며 가는 사람은 별로 없습니다. 알아들을 사람이었으면 진작에 나에게 그런 상처도 주지 않았을 거예요. 그래서 그에게 마지막까지 화를 내면, 내 마지막 에너지까지 소진하는 것이어서 아까울 뿐이에요.

 때로는 '그래도 혹시'라는 마음에 뭔가를 더 해보고 싶고 원망이든 슬픔이든 미련이든 쏟아내고 싶은 경우도 있어요. 그런데 마지막에 나 자신을 아프게 할수록 빠져나올 때 힘들어요. 특히나 상대방을 나쁘게 평가하고 끝내면, 나는 별로인 사람을 사랑했던 것이고 시간을 버린 게 돼요. 나의 지나간 시간들을 잘 정리하면, 그 속에서 남겨야 할 것들로 나는 성장한 것이 됩니다. 그 사람을 미워하지 않기로 한 날부터 나는 나에게 더 다정해질 수 있는 것입니다.

"그 사람은 진짜 나쁜 사람이었거든요."

맞을 거예요. 진짜 용서하지 못할 행동을 했고, 그것이 관계를 회복시킬 수 없게 했을 수 있습니다. 그래도 나 자신만큼 사랑했던 그 사람, 내 도피처였던 그 사람이 다만 종착지가 아니었다고 정리하면 어떨까요?

아마 헤어지기 이전에 당신은 충분히 해볼 만큼 다 말하고, 화도 내고, 눈물도 흘렸음에도 내 마음에서 그를 내보내겠다 결정했잖아요. 그러면 이제 이 만남의 시작과 끝에서 무엇을 남길 것인지 정리하는 숙제가 생깁니다. 그런 사랑이 끝났으니 더 좋은 사람을 알아볼 수 있게 성장했고, 나도 더 좋은 사람이 되겠다는 메시지가 남았으면 된 거죠. 그렇게 마무리하기로 나 자신을 설득하세요.

'마지막에 집 앞에서 매달리지는 말걸. 내 마지막이 너무 별로로 남을 것 같아.'

'그래도 잘 지내라는 말은 해줄 수 있는데, 너무 화가 나서 그냥 돌아섰네. 우리 시간이 아까워.'

'마지막인데 그렇게 모진 말은 하지 말걸. 어차피 이제 남인데.'

마지막으로 기억될 순간의 내 모습이 어땠으면 좋을지도 생각해 보세요. 마지막까지 해볼 수 있는 것과 노력할 수 있는 것을 다 해서 붙잡거나 감정을 토로할 수 있지만, 다시 돌아봤을 때 내가 많이 아프거나 상하지 않을 만큼이었으면 합니다. 이 사람과 함께한 좋았던 시간마저 떠올리기 힘들 만큼으로 애절하게 시도하지는 않았으면 좋겠어요. 사랑받지 못한 마지막 순간의 나로 마무리하면, 돌아봤을 때 나 자신이 안쓰럽더라고요. 이별은 내 몫이고 내 결정입니다.

  서로의 마지막이 서로에 대한 미안함이나 죄책감이 아니라, 우리는 많이 사랑했지만 서로의 방향이 달랐고, 성장의 한 과정에 함께했지만 이후부터는 다른 길을 간다는 것이었으면 좋겠습니다. 우연히라도 길에서 마주쳤을 때 숨 멎을 듯 힘들거나 슬프거나 화가 나지 않을 만큼, 쓸쓸하지만 잘 살기를 바라는 마음으로 서로를 바라볼 수 있을 정도는 되었으면 좋겠어요. 반가움까지는 아니더라도, 지금 내 행복을 보여 주고 싶은 사람으로 정리해 봐요.

  "당신은 좋은 사람이었어. 다만 우리는 각자에게 중요한 것을 서로 채워주기 어려워. 서로 이렇게까지 애쓰지 않아도 될 사람을 만나는 게 좋을 것 같아. 내가 그렇듯 당신도 중요한 것을 잘 채우며 앞으로도 살아가길 바라."

이렇게 다 표현하기 어렵더라도, 이런 마음으로 보냈으면 좋겠습니다.

세 번째로, 아파할 시간을 가집시다. 함께한 시간을 정리하는 일은 생각보다 어렵습니다. 그 사람을 위해 우는 것조차 자존심이 상해서, 슬픔을 표현하면 더 슬플 것 같아서 그냥 덮어두려는 경우가 있어요.

그런데 괜찮다고 생각되는 어느 날 문득, 그 슬픔과 공허함과 아쉬움이 펑 터지기도 합니다. 함께했던 장소를 지날 때, 함께 들은 음악이 들려올 때, 책상 서랍에서 상대가 주었던 메모를 보았을 때, 그 사람의 소식을 들었을 때 등 어느 시점일지 어느 장소일지 예측 불가능하게 그 시간이 와요.

사랑을 보내고 나서 충분히 아파하지 않으면, 나중에 더 크게 아플 수 있어요. 그래서 이별 후에는 '당연히 아픈 일'이라고 생각하고 슬퍼하세요. 그래도 괜찮습니다. 앞서 우리가 나누었던 것처럼 이별은 상대방을 보내는 일이기도 하지만, 상대를 사랑했던 나와 헤어지는 일이기도 해요. 마음 일부를 떼어내고, 추억 한편을 떼어내는 일인데 새살이 돋기 전까지 아프죠.

제가 연인과 헤어지고 나서 정말 절절하게 울다 지치고 뭘 먹든 다 토해내서 결국 영양실조로 응급실에 입원한 적이 있어요. 그때 그런 제 옆에 있던 아빠가 이렇게 말씀하셨습니다.

"살면서, 마음에 로맨틱한 사랑을 하나 정도 품고 사는 것도 멋진 일이야."

이별이 슬픔만은 아니라는 낭만적인 메시지가 생각보다 오래 기억에 남았어요. 그렇죠. 저는 멋진 시간을 보낸 거죠. 슬픔은 그만큼 아름다웠다는 것이고, 나는 그에게 받은 그 사랑으로 더 성장할 수 있었겠죠.

여기서 덧붙이고 싶은 메시지가 있어요. 내가 누군가와 헤어지면서 슬프고 원망하고 미울 수 있듯이, 상대도 나를 미워하고 슬프고 원망할 수 있습니다. 상대의 그 마음도 그냥 두세요.

특히 내가 주는 이별을 했고 상대방이 받는 이별을 할 때, 상대방에게 원망을 듣기 싫고 나쁜 사람으로 남고 싶지 않아서 우리는 아이러니한 실수를 저지릅니다. 이 이별을 상대방의 탓으로 돌리는 거예요. "너 때문에 헤어지는 거야." "헤어지는 게 너를 위한 일이야."

내가 이별을 선택할 수 있었듯, 상대방도 나를 원망할 수 있습니다. 작용 반작용의 법칙과 같은 이 흐름을 억지로 바꾸려고 하지 마세요. 그 사람은 그렇게 나를 보내고 있는 중이니까요.

나의 슬픔이든 상대의 슬픔이든, 이별에서 나오는 감정을 한 번은 제대로 지났으면 합니다. 억지로 누르는 것은 마음 건강에 좋지 않아요. 안에 있던 그 감정을 토해내듯 한 번은 꺼내도 돼요. 너무 오래 힘들지만 않다면 그것은 오히려 마음을 정리하는 데 도움이 되기도 할 것입니다.

아낌없이 사랑하고 받았던
기억은 남는다

'헤어질 걸 왜 그렇게 사랑했을까.' 애절하게 헤어진 뒤 한 번쯤 이런 생각이 듭니다. 어차피 헤어질 사람에게 쏟은 시간과 내 마음이 아깝다고 생각해요. 그런데 시간이 아주 많이 흐른 뒤, 우리는 그 질문에 새로운 답을 하게 되죠.

'나는 누군가를 깊이 사랑했고, 나 역시 그만큼 사랑받았구나.'
'나는 이런 감정에 약했고, 상대의 이런 부분은 좀 더 품었어야 했구나.'
'나는 이런 가치관을 정말 중요하게 여기는구나.'
'아무리 좋은 사람이어도, 삶의 방향이 다르면 헤어질 수 있구나.'

한 사람을 전심으로 사랑했던 그 경험은, 내 마음의 지도를 그리는 시간이었습니다. 그 사랑 덕분에 나는 나를 더 깊이 이해할 수 있었고, 다음 사랑을 향해 나아갈 길도 알게 되었어요.

모든 사랑이 영원하면 좋겠지만, 언젠가는 이별을 맞게 됩니다. 관계의 끝이 아니면 생명의 끝으로라도요. 결국 중요한 건 얼마나 오래, 얼마나 더 많이 사랑할 수 있었는가의 문제입니다.

당신이 다시 사랑을 주저하는 이유는 지난 이별이 남긴 상처 때문일지도 몰라요. 하지만 당신이 다시 사랑하게 되는 이유도 결국 그 사랑이 가져온 기쁨이 이별의 아픔보다 컸기 때문일 겁니다.

지금의 남편을 만나고 나서, 저는 이전의 인연들에게 진심으로 고마운 마음이 들었어요. 나의 미숙하고 이기적이었던 모습을 참고 기다리고 성장으로 이끌어 준 사람들입니다. 때로는 내 사정을 설명하지 못해서, 잘 소통하지 못해서, 제대로 다투지 못해서 서로를 힘들게 했던 날들이 있었어요. 그래도 잘 이별해 주어서 결국 지금의 사랑을 만날 수 있었습니다. 그 이별들이 저를 더 단단하게 만들었고, 지금의 사랑에 시행착오를 덜 하게 해주었어요. 그래서 저는 지금, 사랑을 조금 더 충만하게 누릴 수 있어요.

이별은 멈춤이 아닙니다. 손해나 실패도 아니에요. 이별은 그 시간을 아름답게 마무리하는 과정입니다.

누군가는 "사랑은 사랑으로 잊는다"고 말하지만, 저는 그 말을 지지하지 않아요. 사랑했던 시간을 덮는 것이 아니라 잘 정리해서 보내는 시간이라고 생각해요. 그것이 그 사랑을 했던 자신에 대한 예의라고 생각합니다.

우리는 누구나 자기중심적이에요. 본능적으로 나를 더 챙기고, 나에게 유리한 결정을 내리죠. 하지만 우리의 마음은 끊임없이 '주는 사랑'을 향해 가야 한다고 생각해요. 그게 인간다운 사랑의 방향이 아닐까요? 처음에는 내 마음에 들어서, 내가 더 멋져 보이고 싶어서 시작한 사랑이었더라도 그 사랑을 통해 나는 점점 더 이타적인 사람으로 바뀌어요. 그 사람의 아픔을 같이 느끼고, 그 사람의 기쁨을 더 크게 만들고 싶은 마음을 가지게 되면서 더 성장했죠.

그래서 저는 지금 이 글을 읽는 당신에게도 사랑을 권하고 싶어요. 사랑은 좋은 어른이 되는 길입니다. 당신을 더 성숙하게 만들고, 더 깊은 내면을 가진 사람으로 만들어 줘요. 보고 또 봐도 행복한 시간, 손해 봐도 아깝지 않은 감정, 그 모든 다정한 기억이 사랑 속에 있어요.

갈등에서도 희망을 볼 수 있고, 서로를 믿는 만큼 성장해 가는 사랑. 그런 사랑을 통해, 우리는 언젠가 오랜 친밀감을 지닌 '우리'를 발견하게 될 거예요. 그리고 그 모든 여정을 지나며, 당신이 보낼 모든 다정한 시간들을 저는 진심으로 응원합니다. 기꺼이 소란하고 다정할 여러분의 사랑이 시작되기를 소망합니다.

에필로그
그 모든 다정함은 결국 나를 키우는 시간이 됩니다

처음 이 책을 펼쳤을 때의 당신은 어떤 마음이었을까요?

관계 속에서 지친 마음이었을까요? 자신을 설명할 수 없어 막막했던 마음이었을까요? 아니면 그저 아무 말도 듣고 싶지 않던 밤이었을지도요.

무슨 이유였든, 당신이 이 책을 펼쳐 주어 참 고맙습니다.

우리는 각기 다른 시간, 다른 마음으로 살아왔습니다.

누군가는 사랑하는 사람과의 갈등을 품고 있었고, 누군가는 이미 지나가 버린 관계 앞에서 아직 정리되지 않은 마음을 붙잡고 있었을 겁니다. 또 어떤 이는 오랜 침묵 끝에 처음으로 자기 마음을 들여다볼 용기를 내었을지도 모릅니다. 그리고 '다시 사랑할 수 있을까'라는 마음의 갈림길에 서 있었을지 모릅니다.

그 마음들 사이사이에 이 책의 문장들이 다정하게 놓이길 바랐습니다.

당신이 한 장 한 장 넘기며 누군가를 사랑하고 또 사랑받았던 흔적과 그때의 마음을 떠올리고 나와 닮은 마음에 고개를 끄덕이며, 조금은 눈시울이 붉어지기도 하고, '나의 지난 사랑들이 괜찮은 것이었구나' '힘겹지만 그래도 다시 사랑해 보고 싶다'라는 마음을 퍼올려 주었다면 저는 더 바랄 것이 없습니다.

제가 보내고 싶었던 응원과 위로와 다정한 설명이 당신을 외롭지 않게 하길 소망합니다.

그 조용하고 다정한 대화 속에서, 우리는 이미 좋은 관계를 맺고 있었는지도 모릅니다.

이 책은 사랑과 관계에 관한 이야기지만 결국은 나를 이해하는 여정이었습니다.

사랑을 잘하기 위한 방법을 배우는 것이 아니라, 잘 살아내기 위해 나를 만나는 시간이었기를 바랍니다. 관계에서 매번 흔들리는 나는, 나쁜 사람이어서가 아니라 그만큼 사랑이 절실했던 사람이었음을 이 책을 통해 이해했길 바랍니다.

우리는 종종 사랑을 주고도 그만큼 받지 못해 무너집니다. 나만 노력한 것 같고 나만 애쓴 것 같아 억울하고 서럽고 외롭죠. 하지만 어느 순간 문득 깨닫습니다. 사랑해 봤던 나의 흔적이 의미 있게 남는다는 것을요. 사랑했던 그 시간은 절대 사라지지 않고, 결국 나를 더 깊고 단단한 사람으로 만들어 주었다는 것을요.

이별은 늘 아프지만 성장의 발판이 되기도 하고 나의 삶의 중요한 이정표와 선택의 기준으로 잘 사용되기도 합니다.

'다시는 이렇게 상처받고 싶지 않다'는 절망 속에서, 우리는 오히려 '이제는 나를 아프게 하지 않는 사랑을 하겠다'는 다짐을 하게 되지요.

사랑은 나를 보는 시선을 바꾸게 하고, 관계는 내가 어떤 사람인지 자꾸 묻게 합니다. 그 모든 '묻고 답하는 시간'이 결국 나를 나로서 살아가게 만드는 힘이었습니다. 혼자서는 만나기 어려운 깊이와 넓이의 나를 확장하는 기회였습니다.

이 책의 제목처럼, 저는 '기꺼이 소란하고 다정하기로' 마음먹은 사람입니다. 관계 안에서 상처받을 줄 알면서도 마음을 내어주고, 말이 잘 통하지 않아 서운한 순간에도 손을 내밀고, 사랑을 표현하는 게 서툴러도 다시 말을 걸기로 다짐하는 사람이요.

또 누군가에게 소란한 사람으로 남아 상처 주고, 그것을 인정하며 변화하려는 다짐과 노력을 멈추고 싶지 않은 사람이요. 그 선택은 언제나 두려움을 동반합니다.

하지만 동시에, 그런 다정한 마음이야말로 우리를 살아있게 하는 힘임을 믿습니다.

다정함은 감정이 아니라 태도이고, 기질이 아니라 '내가 그렇게 살겠노라'는 결심입니다.

가끔은 내가 손해 보는 것 같고, 내가 더 많이 사랑하고 있다는 생각에 억울할 수도 있지요. 그래도 다정한 사람이 되고 싶은 그 마음을 잃지 않기를 바랍니다. 소란함을 잘 통과해서 만나는 다정함으로 나의 삶은 더욱 즐겁고 행복하고 충만해질 테니까요. 나 혼자로 차오르는 기쁨과는 비교도 안 되는, 나로 인해 행복한 누군가를 보며 느끼는 행복이 당신에게 찾아올 테니까요.

누구에게나 놓친 사람이 있습니다.
서로에게 가장 좋은 시절이었음에도 끝내 이어가지 못한 인연이 있고, 너무 사랑했기에 더는 이어가지 못했던 사랑도 있지요. 언젠가 당신이 떠올리게 될 관계가 있다면, 그 안에서 자신이 얼마나 최선을 다했는지를 기억하세요. 상대의 말보다 당신이 보낸 마음을 기억하세요. 당신이 얼마나 성실하게 사랑했는지를요. 그리고 혹시 조금 덜 아파지는 어느 날, 그 관계 속에 그도 예쁘고 고왔던 순간이 있다는 것을 기억해내기 바랍니다.

관계가 끝났다고 해서 사랑이 끝난 건 아닙니다. 남은 관계의 흔적은 당신을 흔들 수도 있지만, 결국은 당신을 키울 기억이 될 거예요. 그리고 그 흔적으로 당신이 해내는 선택들이 당신에게 옳은 방향이 되기를 응원합니다.

마음은 언젠가 회복될 수 있습니다. 그 시간이 오래 걸릴 뿐입니다. 그러니 지금 슬픔의 한가운데에 있더라도 당신의 시간은 반드시 다시 따뜻해질 거예요.

이제 책을 덮을 시간입니다.
하지만 이 이야기가 완전히 끝났다는 의미는 아닙니다.
어쩌면 지금부터가 시작일지 모릅니다.
어떤 대화 앞에서 멈칫할 때, 누군가를 이해하고 싶지만 방법을 몰라 막막할 때, 나 자신에게 너무 미안한 날, 혹은 너무 사랑해서 두려운 순간에, 그럴 때 다시 이 책의 한 문장이 떠올랐으면 좋겠습니다.

그리고 그 문장이 당신의 삶을 조금 더 따뜻하게 해주었으면 좋겠습니다.

사랑을 선택하며 살 작은 이유가 되면 좋겠습니다.

그리고, 언젠가

"나는 쉽게 상처받는 사람이었다. 하지만 쉽게 포기하지 않는 사람이기도 했다."

"나는 기꺼이 다정해지려 했고, 결국 그 다정함이 나를 지켜주었다."

"사랑에 서툴렀지만, 그래도 사랑을 선택한 나였기에 후회는 없다."

이런 문장들을 스스로에게, 그리고 누군가에게 살며시 건넬 수 있기를 바랍니다.
그리고 마지막으로, 저는 이렇게 인사드리고 싶습니다.

"당신의 삶이 소란하더라도, 결국에는 다정한 순간으로 채워지기를."
"다정하게 써내려 간 순간들이 당신 삶에 사랑하며 살고 있다는 자신의 궤적으로 남기를."

사랑을 포기하지 않고 피하지 않고 선택할 수 있도록
내 삶에 같이 걸어준 수많은 인연과 지금의 인연들에게 진한 감사를 전합니다.

— 조수연 드림

기꺼이 소란하고
다정하기로 해

1판 1쇄 2025년 6월 15일 발행

지은이 · 조수연
펴낸이 · 김정주
펴낸곳 · (주)대성 Korea.com
본부장 · 이향숙
기획편집 · 김현경
디자인 · 문 용
일러스트 · 전은경(Alleyway studio)
영업마케팅 · 조남웅
경영지원 · 공유정, 임유진

등록 · 제300-2003-82호
주소 · 서울시 용산구 후암로 57길 57 (동자동) (주)대성
대표전화 · (02) 6959-3140 | **팩스** · (02) 6959-3144
홈페이지 · www.daesungbook.com | **전자우편** · daesungbooks@korea.com

ⓒ 조수연, 2025
ISBN 979-11-90488-59-4 (03810)
이 책의 가격은 뒤표지에 있습니다.

Korea.com은 (주)대성에서 펴내는 종합출판브랜드입니다.
잘못 만들어진 책은 구입하신 곳에서 바꾸어 드립니다.